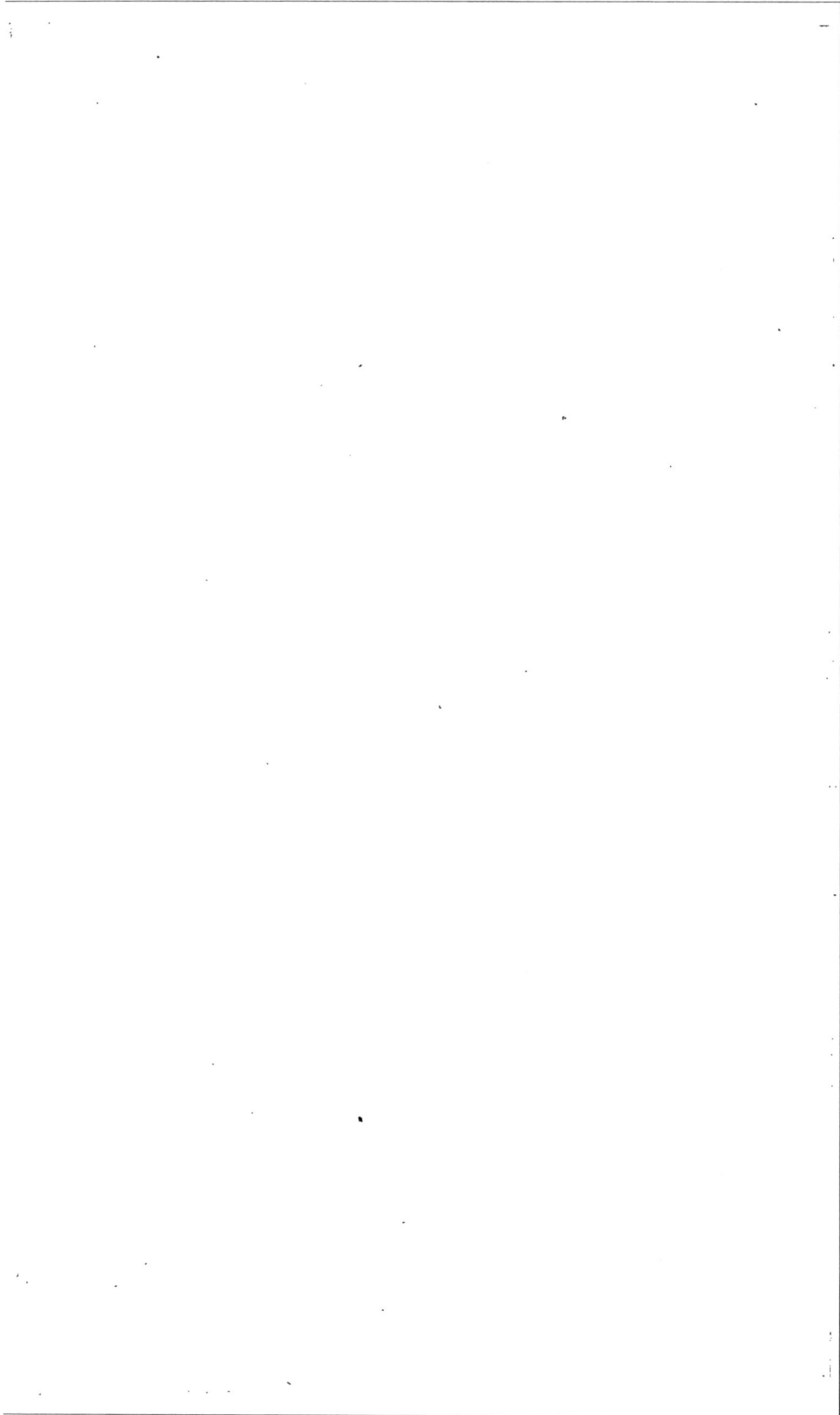

# LETTRE de M. GAUTHIER, à M. DUPORTAIL,
## datée de Grenoble, le 16 janvier 1791.

### MONSIEUR;

J'AI l'honneur de vous prévenir que j'ai fait parvenir à tout le militaire de France, tant de terre que de mer, un exemplaire de la lettre ci-jointe, pour que, dans le cas, où, encore, vos principaux agents auroient la hardiesse de soustraire, à votre connoissance, cette preuve des horreurs qu'ils commettent, la voix publique vienne vous l'apprendre, & vous dire qu'ils prennent le chemin d'immoler encore votre honneur, votre justice, & la dignité de votre place, à leurs viles passions : que tout vous invite, même vous presse, de ne pas différer un seul instant de faire droit sur la demande que je fais d'un conseil de guerre : que le silence que vous gardez sur celles & les comptes que j'ai eu l'honneur de vous adresser, est de nature à détruire l'opinion que vous avez donnée de votre équité & de votre fermeté à votre arrivée au ministere ; que, même, il vous rendra responsable des événements fâcheux qui en pourroient résulter, si vous ne le rompez au plutôt.

Je suis, avec un respect infini,

### MONSIEUR;

Votre très-humble & très-obéissant serviteur,

### GAUTHIER.

# LETTRE

*Adressée à M. du Portail, Secrétaire-d'État de la Guerre, par M. Gauthier-d'Auteville, Prévôt-Général des Maréchauffées de Dauphiné; suivie d'une relation, d'une récapitulation des faits & des preuves, & de pieces justificatives à leur appui.*

À Grenoble, le 31 Décembre 1790.

## Monsieur,

Il y a huit mois que j'ai été nommé par le roi prévôt-général des maréchauffées de Dauphiné, fur la préfentation de MM. les maréchaux de France.

Il y en a plus de fix que je fuis dans cette ancienne province, fans que j'aie pu parvenir, jufqu'à préfent, à mettre en activité, pour le bien public, les fonctions de ma place.

J'y ai été porté, d'après les certificats de mes fervices, fur la préfentation au roi, de MM. les maréchaux de France; je l'ai obtenue, malgré tous les efforts de deux commis des bureaux de la guerre, & malgré les inftances de M. de la Tour-du-Pin, miniftre alors, en faveur d'un autre officier.

Cet acte de juftice du tribunal & du roi n'a fait qu'exciter davantage la fureur de mes ennemis à me perfécuter; & ils ont préparé contre moi, avant même que je fuffe venu prendre l'exercice de mes fonctions en Dauphiné, une infurrection à laquelle je fuis en butte depuis lors.

Le fieur Durand de Cuny, lieutenant de maréchauffée à Grenoble, jaloux de n'avoir pas obtenu ma place, a machiné, de concert, fans doute, avec les deux commis du bureau de la guerre, cette infurrection dans la troupe que je dois commander,

A

Il a publié un libelle diffamatoire contre moi, par lequel il m'impute des souftractions de deniers en Corfe, un caractere tyrannique & méchant envers mes fubordonnés ; il a demandé permiffion d'informer de ces faits, en difant qu'il me livreroit *un combat à mort* ; il a attiré dans fon parti la majeure partie des officiers, bas-officiers & cavaliers de mon commandement. Cette imputation n'étoit qu'une calomnie : voici ce qui en a été le prétexte & l'occafion.

En 1784, pendant mon féjour en Corfe, où j'étois prévôt-général de maréchauffée, M. de Marbeuf, commandant de cette île, que mes ennemis acharnés avoient attiré dans leur parti, pendant fon féjour à Paris, me fufcita une tracafferie, de la part de quelques brigadiers & cavaliers de ma compagnie, à l'occafion d'un refus que je lui fis, de donner la démiffion de ma place, qu'il me demandoit, difoit-il, *par ordre du miniftre.*

Il me fut fi facile de confondre l'impofture, que des brigadiers & les cavaliers, égarés, reconnurent leur tort, & le réparerent par une rétractation formelle qu'ils firent devant le greffier de la prévôté : deux d'entr'eux reconnurent encore, par un acte féparé, qu'ils avoient fait, chacun, une erreur, à mon préjudice, dans les états qu'ils m'avoient donnés, & que je leur avois foldés : au moyen de quoi, cette calomnieufe imputation s'évanouit : vous trouverez ces deux actes fous le n°. I.

Une feconde tracafferie me fut encore fufcitée, quelque temps après, à l'occafion d'un refus, que je fis, de faire mettre aux fers des cavaliers qui, dans une fête de village, avoient été maltraités par des officiers de la garnifon, pour n'avoir pas voulu conduire en prifon des citoyens qu'ils avoient meurtris de coups. J'ai toujours aimé la juftice & connu mes devoirs ; je ne voulus pas punir des cavaliers qui avoient fait le leur. Bien loin de là, fur le verbal qu'ils avoient dreffé, je fis commencer une procédure criminelle, qui chargeoit ces officiers, & que M. de Marbeuf fit enlever du greffe de la prévôté, parce qu'elle renfermoit des requêtes & autres pieces fuppofées, qu'il m'avoit fait remettre, à l'effet d'envenimer cette affaire, de maniere à m'aliéner l'efprit de tout le monde : *faits qui furent reconnus par M. d'Arcambale, M. de C., qui fit affembler chez lui les officiers des régiments d'Erneft & du Maine, ainfi que les autres officiers qui fe trouvoient à Baftia, pour leur dire que, loin de m'en vouloir, ils devoient me favoir gré d'avoir mis autant de modération & de patience dans ma conduite.*

Une troifième tracafferie, mais d'un genre nouveau, me fut encore fufcitée. M. de Marbeuf imagina, *pour me faire perdre la confidération dont je jouiffois*, de faire arrêter, par des sbires, & conduire dans mes prifons *un citoyen Corfe, parce qu'il étoit paffé de Génes, dans cette île, pour y réclamer fon patrimoine, qui fe trouvoit entre les mains des créatures de ce commandant.* M. de Marbeuf me manda chez lui ; il me dit que l'homme qu'il avoit fait conduire dans mes prifons, *étoit un déferteur ; qu'il étoit dans le* cas des galeres, & que je lui fiffe son procès, sans délai. Mes représentations, en faveur de cet infortuné, n'eurent d'autre succès que celui de m'attirer *des paroles dures*. M. de Miromefnil, garde-des-sceaux, alors, me fit expédier, au vu du compte que je lui rendis de cet acte d'iniquité, des ordres pour que la liberté fût rendue à ce citoyen.

Je crus devoir aller rendre compte, en perfonne, au miniftre, de tout ce qui fe paffoit; je demandai un congé pour cela; & j'ajoutai, trop inconfidérément, fans doute, que, fi je ne l'obtenois pas, on pouvoit difpofer de ma place. On prit acte de cette lettre, pour dire que j'avois offert ma démiffion, pour me fignifier que le roi m'avoit accordé une penfion de retraite de 1200 liv., & que je pouvois repaffer en France.

M. de Marbeuf exigea de moi, avant mon départ, *que je ratifiaffe aveuglément plufieurs états, où la malverfation étoit évidente. Sur mon refus, il me menaça de la prifon en Corfe, & il donna des ordres, dans tous les ports de l'île, pour que je ne puffe m'embarquer pour France.* Je fus donc réduit à figner forcément tout ce qu'on voulut, & je partis.

Mais à mon débarquement à Toulon, je proteftai devant notaire, contre la fignature & contre tous les actes de violence que j'avois effuyés. Cependant les commis des bureaux de la guerre avoient fi bien préparé les chofes, que je me vis privé de ma place, & réduit à une penfion de 1200 liv., fans que j'y euffe, en rien, donné lieu.

Je ne dois point omettre de vous rapporter ici *que le fieur Sevin, premier commis du bureau des maréchauffées, avoit dit, quand j'obtins la prévôté de la Rochelle, c'eft l'autorité royale qui le fait prévôt; hé bien! nous le déferons.*

Je portai mes plaintes au tribunal de MM. les maréchaux de France contre l'enlevement de la procédure & les violences exercées contre moi; j'attendois qu'un meilleur ordre de chofes me mit à même d'obtenir juftice contre l'enlevement de ma place, & pour recouvrer le rembourfement d'une fomme de 24,633 liv. qui m'étoient dûe par le gouvernement.

Par le jugement du tribunal, du 18 avril 1785, je fus renvoyé à la Connétablie, concernant la fouftraction des procédures, & devant qui de droit fur les autres faits. Cependant plufieurs années s'écoulerent, fans que je puffe obtenir à être réintégré dans une place dont je n'avois été démis que par furprife.

En 1789, le temps me parut favorable, pour demander la récompenfe de mes fervices, le rembourfement de mes avances pour le gouvernement, & mon remplacement à un pofte, dont, comme je l'ai remarqué, je n'avois été dépouillé que par furprife.

Je portai donc tous ces objets dans un mémoire qui fut envoyé au comité contentieux du confeil du roi; toutes les pieces relatives aux tracafferies de Corfe y furent énoncées & jointes: le comité fut tellement convaincu que toutes les vexations, toutes les injuftices que j'avois effuyées, étoient calomnieufes, qu'il fut dé-

cidé que je ne devois pas être réputé retiré ; qu'au contraire , je
devois être confidéré , comme ayant confervé mon activité de
fervice , & être inceffamment remplacé ; qu'ayant l'ancienneté de
fervice requife , j'étois au cas d'obtenir la croix de Saint Louis.
& concernant mes réclamations pécuniaires , comme les deux commis des bureaux de la guerre n'avoient pas dû , pour leur tranquillité , me mettre en état de prouver , les pieces à la main ,
les retenues qu'ils m'avoient fait faire , & qu'ils fe font , fans doute ,
appropriées , le comité m'a adjugé tous les articles , à l'appui defquels fe trouvoient les titres de créances , fauf à moi à me pourvoir pour le furplus , ainfi & comme je l'aviferois.

D'après cette décifion , à jamais irrévocable , je reçus la croix
de Saint-Louis & l'affurance de ma réintégration ; mais *le miniftre exigea de moi , avant de me donner l'un & l'autre ,* une déclaration écrite , portant qu'au moyen de 3000 liv. , à quoi il ré-
duifoit la fomme accordée par le comité contentieux du confeil
du roi , je renoncerois à toute efpece de réclamation : je donnai cette
déclaration malgré moi , le 17 novembre 1789 ; de forte que ,
de 24,633 liv. que je réclamois , & qui m'étoient légitimement
dûes , je fus réduit à 3000 liv.

Ce fut au mois de mai 1790 , que , fur la préfentation de MM.
les maréchaux de France , je fus nommé prévôt-général du Dauphiné , comme j'en reçus l'avis par la lettre que le miniftre fut
forcé de m'écrire le 15 ; je dis forcé , puifque cette nomination
avoit été faite malgré lui & les deux principaux commis de fes
bureaux.

Je n'eus rien de plus preffé que de me rendre à ma deftina-
tion , avec un defir fincere , qui fera toujours le befoin de mon
cœur , d'y opérer le bien. J'en fis part à M. de Charly , infpecteur-général , qui , par fa lettre du 27 juin fuivant , datée d'Augny , près de Metz , m'apprit l'état *de défordre & d'infubordina-
tion où fe trouvoit , depuis long-temps , la maréchauffée du Dauphiné ,* & m'exprima l'empreffement & le defir de me voir con-
courir avec lui à y rétablir la fubordination , l'ordre & la difcipline. Je me préfentai donc , pour entrer en exercice ; *mais l'infurrection qui m'attendoit ,* a fufpendu , malgré moi , jufqu'à ce
moment , l'activité de mon zele & de mon fervice.

Les prétextes de cette infurrection contre moi , étoient des tracafferies de Corfe décidées en ma faveur , fans retour , d'une
maniere fi flatteufe par le comité contentieux du confeil du roi.
Et comme s'il avoit été poffible d'informer à Grenoble fur des
faits paffés en Corfe , comme fi on pouvoit être fans ceffe en
butte aux traits de la diffamation , malgré la force de la chofe irrévocablement jugée , *le miniftre d'alors , qui vouloit ma perte , à
tout prix ,* députa M. de Charly , en cette ville , pour informer
extrajudiciairement , *en apparence ,* fur les faits de l'infubordina-
tion de ma compagnie envers moi. *Mais le motif fecret & caché
étoit de renouveler la calomnieufe imputation de Corfe ,* & jugée
telle irrévocablement par la décifion du comité contentieux du confeil. Le fait eft fi vrai , que le commiffaire fut nanti de tous les

papiers relatifs, & qu'il lui fut prescrit par le ministre, de donner, pendant le cours de ses travaux, *tous les ordres relatifs au service de la compagnie*; de manière qu'à mesure que cette commission étoit figurativement donnée pour rechercher & punir les auteurs de cette insubordination, c'étoit moi qni étois provisoirement destitué & interdit, *avant l'instruction, sans preuves, sans jugement & sans avoir été entendu.* L'extrait de la lettre de M. de la Tour-du-Pin à ce commissaire, vous la trouverez sous le n° 2.

Cette commission, qui a été donnée le 12 août, *est contraire au décret de l'assemblée nationale, du 6 du même mois*, concernant l'ordre & l'insubordination de l'armée; voici, en effet, les dispositions de l'article 7 de ce décret sanctionné par le roi.

« Il sera informé de toute sédition, de tous mouvements con-
» certés qui auront lieu dans les garnisons ou dans les corps con-
» tre l'ordre & au préjudice de la discipline militaire. Le procès
» sera fait & parfait aux instigateurs, moteurs, fauteurs & par-
» ticipes de ces séditions & mouvements; & par le jugement à
» intervenir, ils seront déclarés déchus pour jamais du titre de
» citoyen actif, traîtres à la patrie, infames, indignes de porter
» es armes, chassés de leurs corps.

L'article 8 porte encore ce qui suit: « Il est libre à tout of-
» ficier, sous-officier & soldat, après avoir obéi, de faire par-
» venir directement ses plaintes au ministre & à l'assemblée na-
» tionale; mais il n'est permis, sous aucun prétexte, dans les af-
» faires qui n'intéressent que la police intérieure des corps, la dis-
» cipline militaire & l'ordre du service, d'appeler l'intervention,
» soit des municipalités, soit des corps administratifs, lesquels
» n'ont d'actions sur les troupes de ligne, que par les réquisi-
» tions qu'ils peuvent faire à leurs chefs ou commandants ».

Ainsi, s'il y avoit des poursuites à faire, des suspensions provisoires à prononcer, *ce devoit être contre ceux qui ne vouloient pas obéir à leurs chefs, & qui se révoltoient contre son autorité.* Il falloit obéir d'abord, faire connoître après leurs griefs, s'ils en avoient eu; mais il ne falloit pas, de la part du ministre, donner *une commission extrajudiciaire pour informer de nouveau sur une affaire définitivement jugée; il ne falloit pas chercher des preuves à Grenoble sur des événements de Corse; il ne falloit pas mettre sous l'interdit un officier supérieur, avant toute instruction, & sans avoir, je ne dis pas, été jugé, mais seulement entendu.*

En supposant un retour à ces objets, possible, malgré l'obstacle invincible de la chose jugée, *c'étoit un conseil de guerre seul qui devoit en connoître, & non pas une commission mêlée de membres d'administration*, contre la défense portée *par les art. ci-devant rappelés, du décret de l'assemblée nationale*; car il est bon de remarquer que, d'après sa commission, M. de Charly, outre deux commissaires des guerres, devoit s'adjoindre *deux membres du directoire du département* de l'Isere.

J'eus l'honneur de communiquer toutes ces réflexions à MM. du département, & même toutes les pieces qui pouvoient détruire les calomnies accréditées contre moi. J'aurois désiré que ce corps administratif, de concert avec M. de Charly, eût trouvé quelques moyens de rapprochement, malgré tous leurs torts, avec mes ennemis ; mais leur effervescence, & plus encore leur mauvaise foi, rendirent impossible tout rapprochement, par cet entremise. Je fus donc réduit à faire signifier à M. de Charly *une pro-testation, contre la commission illégale donnée à cet inspecteur, par le ministre d'alors, & contre la procédure insolite à laquelle j'étois exposé.* Je demandai un conseil de guerre, composé pour la forme & pour le fond, *d'après l'esprit & le dispositif des décrets de l'assemblée nationale, que j'ai fait le serment d'observer & de maintenir, dans toute leur intégrité ; serment auquel je persisterai toujours.* Tout cela fut consigné dans un procès-verbal, que je rédigeai le 31 du même mois. N° 15.

De suite, & le 7 septembre, je requis, par acte, M. de Charly, *de faire remettre, dans un dépôt public,* toutes les pieces relatives à sa commission, & qu'il avoit en son pouvoir, pour que je fusse à portée de les examiner & de les contredire. Comme il se trouvoit malade alors, cette réquisition resta sans effet ; mais j'ai lieu d'attendre de sa justice & de sa loyauté, *qu'il me fera cette communication, sitôt que je serai dans le cas d'en avoir besoin.* N° 16.

Il est bon d'observer que cet officier supérieur a paru *suspect aux parties révoltées,* sous prétexte qu'il avoit d'anciennes liaisons avec moi. Je m'estimerois honoré, & j'en ferois l'aveu, d'avoir été en liaison, depuis long-temps, avec M. de Charly ; mais je dois, à la vérité, de convenir que je ne l'ai connu, pour la premiere fois, que lorsqu'il est venu remplir sa commission en cette ville, où j'eus l'honneur de le voir, à son arrivée. Le fait est prouvé par une lettre que j'eus l'honneur de lui adresser, pour lui apprendre ma nomination, & par sa réponse du 17 juin, ci-devant rappelée. On verra, par sa lettre, qu'il me fit l'honneur de me prévenir de l'état *d'insubordination & de désordre où se trou-voient les brigades dont j'allois prendre le commandement,* en excitant mon zele pour établir la discipline & l'ordre sur l'abandon desquels il gémissoit amerement.

Par deux lettres que j'ai adressées à M. de la Tour-du-Pin, l'une le 7 novembre, & l'autre le 15 du même mois, *je pres-sois le remboursement d'une somme de 21,633 liv., à laquelle il m'avoit forcé de renoncer,* & qui pourtant m'étoit bien dû ; l'activité de ma place ou un conseil de guerre, pour m'absoudre ou me condamner. Je finissois par protester de le dénoncer, *ainsi que les deux commis de ses bureaux, auteurs primitifs de toutes mes tribulations* : toutes deux sont restées sans réponse.

L'avénement au ministere d'un général qui y a été porté par la confiance publique, m'a fait suspendre mes poursuites contre M. de la Tour-du-Pin, & j'y ai été déterminé d'autant plus vo-lontiers, que ce nouveau ministre, *en me prévenant de sa nomi-nation, a voulu donner à mes fonctions l'activité dont elles avoient besoin;* mais privé, depuis lors, de la continuité de sa corres-pondance, ( si ce n'est que ses commis *du Bureau des maré-chaussées m'ont fait parvenir, sous son contre-seing, une feuille du* fervice journalier des brigades, à l'effet de me donner une preuve du gracieux fouvenir dont ils veulent bien m'honorer,) je viens de fupplier de me fortir de cette paralyfie qui me tourmente ; foit en anéantiffant l'effet des complots de mes ennemis, comme il le peut, d'un feul mot, foit en m'offrant, comme la loi le prefcrit, la reffource d'un confeil de guerre, pour faire juger une feconde fois, s'il le faut, les imputations qui me font faites, & dont la fauffeté & la noirceur ont été déjà fi authentiquement reconnues.

Le récit exact qui précède, fuffit pour ma juftification, & pour convaincre de l'iniquité des manœuvres de mes ennemis.

Que m'impute-t-on, en effet ? l'affaire de Corfe, rien de plus; car je n'abuferai pas de vos moments pour repouffer les perfonnalités qui me font faites fur mon caractere & fur mes mœurs. *Je défie la malveillance la plus acharnée de me citer un feul trait, je ne dis pas de méchanceté, mais feulement de mauvaife humeur, envers qui que ce foit, & j'ofe défier qu'un feul homme puiffe avoir juftement à fe plaindre de moi.*

Or, l'affaire de Corfe n'eft-elle pas démentie *par les rétractations des cavaliers,* n.° 1 ? Ne l'eft-elle pas *par la penfion de 1200 l. qui me fut accordée pour retraite,* lors même que ma démiffion me fut *arrachée par furprife,* & que j'y foufcrivis *par force* & pour me fouftraire alors aux *violences du commandant de Corfe;* violences contre lefquelles je proteftai devant notaire à mon débarquement à Toulon ? *Peut-on compofer avec l'honneur,* & peut-on citer l'exemple d'un militaire deftitué pour mêmes faits, avec une retraite toujours accordée à l'ancienneté ou à l'utilité de fervice.

Cette imputation *infernale* n'eft-elle pas démentie encore *par le jugement du tribunal des maréchaux de France,* qui me réferve mes pourfuites, concernant l'enlevement des procédures, & les actes *de violence que M. de Marbeuf s'étoit permis contre moi?* Si j'avois été coupable de fouftraction de deniers de caiffe, M. de Marbeuf, les deux commis du bureau de la guerre, fi acharnés contre moi, ne m'auroient-ils pas dénoncé au tribunal des maréchaux de France? Et cette action, qui me fut réfervée d'exercer, ne m'auroit-elle pas été refufée, d'après la conviction d'un délit qui auroit juftifié les violences qui en étoient le fujet? Et cette plainte, euffé-je ofé la porter, *coupable,* devant le tribunal même du point d'honneur ?

Cette imputation de Corfe n'eft-elle pas démentie plus formellement encore? N'eft-elle pas jugée *calomnieufe par la décifion du confeil du roi,* portant, malgré les intrigues de mes ennemis, que j'étois en continuité de fervice, nonobftant ma démiffion forcée; au cas d'être remplacé, *rembourfé de mes créances,* & d'être décoré de la croix de la Saint-Louis? Ne l'a-t-elle pas été *par le roi lui-même,* qui, fur cette décifion, *me fit donner la croix,* me fit expédier des ordonnances de payement à-compte de mes avances? Ne l'a-t-elle pas été, enfin, par la préfentation que firent de ma perfonne, les maréchaux de France à fa majefté, *pour la place de prévôt général en Dauphiné,* & *par l'arrêt du con-*

seil que le roi eut la justice de me faire expédier, malgré toutes les sollicitations du ministre d'alors, & de ses bureaux en faveur d'un autre?

Quel homme en place peut se flatter d'avoir surmonté, avec autant d'avantages & de succès, les efforts de ses détracteurs? & cependant, c'est à la faveur de cette vieille calomnie que je suis en butte, depuis six mois, aux traits de la persécution de mes ennemis; & qu'avec le brûlant désir d'être utile à mes concitoyens & à ma patrie, en concourant, par les moyens de ma place, au maintien si désirable & si nécessaire au repos public, je suis sans fonctions, & témoin gémissant d'une insubordination scandaleuse, à la tête d'une troupe chargée, par état & par devoir, d'arrêter ou prévenir toute sorte de désordre, d'insurrection & de crimes.

Je conclus, par tous ces moyens, à ce qu'il vous plaise, Monsieur, interposer votre autorité, pour que je sois rendu, sans délai, à l'activité de mes fonctions, & reconnu, par vos ordres, chef légitime de la maréchaussée du département qui m'est confié; & s'il pouvoit rester quelques soupçons sur ma conduite passée, je demande la prompte création d'un conseil de guerre, qui sera composé selon la disposition des articles VII & VIII du décret du 6 août dernier, & qui connoîtra de tous les faits & motifs d'insubordination énoncés en la présente, circonstances & dépendances; sous la réserve de tous mes moyens de dénonciation contre M. de la Tour-du-Pin, les sieurs Saint-Paul & Sevin, commis des bureaux de la guerre; de répétition de la somme de 21,633 l., à laquelle il m'a fait renoncer, & de tous mes autres moyens, de fait & de droit, contre tous qu'il appartiendra; tout quoi je me réserve d'exercer en temps & lieu.

J'ai vu le projet de décret pour l'organisation de la maréchaussée: comme il pourroit très-bien arriver que l'on vous célât mon ancienneté de service en ma qualité de prévôt général, j'ai l'honneur de vous exposer que ma commission de ce grade est du premier juillet 1778; que, conséquemment, je ne puis, comme colonel de division, être déplacé, d'après le dispositif de l'article III, attendu que la décision du roi & celle du comité contentieux de son conseil m'ont replacé à mon rang d'ancienneté, vu l'injustice qui m'avoit été faite. C'est en conséquence que l'on m'a donné la croix, & un arrêt du conseil pour faire valider ma commission de prévôt général de 1778. D'ailleurs, je ne puis quitter le Dauphiné, qu'après un jugement sur les calomnies de mes ennemis.

Je suis, avec un respect infini,

MONSIEUR,

Votre très-humble & très-obéissant serviteur,

GAUTHIER.

RELATION.

# RELATION.

Quels que foient les torts de M. de la Tour-du-Pin & des fieurs Saint-Paul & Sevin envers moi, il en coûte encore infiniment à mes principes, d'être contraint de les mettre fous les yeux du public; & je ne m'y fuis déterminé que parce que le bien général qu'ils ont facrifié au foutien du defpotifme & de l'arbitraire du régime miniftériel, eft venu s'unir à moi pour demander juftice des délits qu'ils ont commis; car, pour ce qui eft de moi, dès 1785, la partie faine de la nation me témoigna, de toute part, que la conduite que j'avois gardée à Bayonne, à la Rochelle & en Corfe, les perfécutions que j'avois éprouvées & les injuftices qui m'étoient faites, pour avoir propofé le bien & pour avoir voulu le faire, m'avoient acquis irrévocablement fon eftime & fa confiance.

Les lettres que j'ai écrites à M. de la Tour-du-Pin, jufqu'au premier novembre inclufivement, deviennent des témoins irrécufables, que j'ai épuifé toutes les voies de conciliation avant d'invoquer l'affiftance & la févérité des lois.

Ma place, qui eft à mes yeux un bienfait de la loi & du roi, une récompenfe de mes fervices, & un équivalent du facrifice que j'ai fait de mon patrimoine échu, pour triompher de la méchanceté des fieurs Saint-Paul & Sevin, de l'aftuce & des détours de leur cupidité; ces deux perfonnages prétendent qu'ils me donneront affez de dégoûts pour m'y faire renoncer. Mais, non! Et les moyens qu'ils emploient pour y réuffir, je vais les tourner contr'eux.

M. de la Tour-du-Pin étant nommé miniftre de la guerre, je fus le prier de m'honorer d'un entretien particulier, autant pour lui développer un plan que j'avois tracé pour les maréchauffées, que pour mettre, fous fes yeux, les réponfes que les fieurs Sevin & Saint-Paul avoient faites aux demandes que j'avois adreffées à trois de fes prédéceffeurs, & au bas defquelles ils avoient furpris leur fignature. Il m'affigna cet entretien pour le lendemain fix heures; il en étoit neuf quand, fortant de fon cabinet, il me dit: *allons prendre l'air; car je fens que ma tête s'échauffe à vouloir tenir le travail trop long-temps.* Il me conduifit à la place d'armes, où nous nouspromenames feuls, affez long-temps.

Je le plaignis, d'abord, d'avoir accepté le miniftere dans des circonftances auffi orageufes que pénibles. Il me comprit mal; il me répondit qu'il feroit ce qu'il pourroit, & qu'il fauroit abandonner fa place un quart-d'heure avant qu'elle lui attirât le moindre défagrément.

Je lui parlai de ce qui m'étoit perfonnel; il me dit qu'il n'étoit dans fa place que pour réparer le mal qui avoit été fait; que je lui remiffe un mémoire, & qu'alors il me mettroit en état d'oublier le paffé.

Je lui propofai divers moyens de prévenir l'infurrection des troupes.

B

Je lui prouvai qu'il ne falloit chercher ailleurs que dans les bureaux de l'administration le principe & la cause de toutes les calamités de l'état ; qu'ils étoient le foyer, le centre des abus, de l'intrigue, des manœuvres ; que l'on y trafiquoit de tout ; que tout s'y achetoit ; que les ministres n'étoient que les sanctionneurs de leurs iniquités ; qu'ils avoient compliqué le travail de maniere à ce qu'ils ne pussent sonder l'abyme de ces mêmes iniquités ; qu'ils étoient dans l'usage de rejeter les injustices qu'on leur reprochoit, sur le ministre qui les avoit signées ; que les premiers commis étant inamovibles, & non responsables de leurs actions, leurs places pouvoient être comparées à celles des despotes ou visirs de l'Asie ; qu'en un mot, cette organisation de bureau ne représentoit autre chose qu'un gouvernement Asiatique.

Je lui dis que la nature des circonstances rendoit son département le plus intéressant de tous ; que de la célérité dans l'expédition & l'exécution des ordres, dépendroient la conservation de bien des propriétés & la vie de plusieurs citoyens ; que, la routine & l'esprit de ses bureaux étant diamétralement opposés à celui & au nouvel ordre de choses qui sembloient vouloir s'établir ; qu'il étoit instant, pour sa gloire, de les organiser, de maniere à établir un ensemble entre lui & l'assemblée nationale. Je lu proposai deux choses :

L'une, de placer à la tête de chacune des parties de son département, comme directeurs, des chefs de corps, que leur intelligence, leur activité, leurs principes, leurs mœurs & leur expérience des hommes, des affaires & des localités, distinguoient entre tous.

Je lui prouvai que, de cette façon, il pourroit simplifier le travail & le rendre aisé ; qu'il pourroit donner, à l'examen des affaires, le temps que nécessitoient ces innombrables signatures ; que ces directeurs lui formeroient un conseil ; que de ce conseil, qui seroit assemblé une ou deux fois la semaine, pour traiter avec lui de toutes les affaires compliquées, il en ressortiroit des moyens lumineux, & propres à corriger les abus dans toutes les parties de son département ; celui, entr'autres, de ne plus voir la même affaire produire autant de décisions différentes, qu'il y avoit de bureaux qui en connoissoient.

L'autre, de substituer à ces légions de commis, une imprimerie à l'usage du secret & des ordres circulaires.

Je lui observai que, ne pouvant tout voir & tout entendre par lui-même, les premiers commis étant ceux qui dirigeoient tout le travail, qui rendoient ou ne rendoient pas compte des affaires, suivant que cela leur plaisoit, il n'avoit d'autre parti à prendre pour se mettre à couvert de la duplicité de certains d'entr'eux.

Il trouva ces propositions si justes, si économiques & si avantageuses pour lui, qu'il me pria de lui en donner un extrait.

· Un colonel vint nous interrompre, comme j'allois lui démontrer que, s'il étoit vrai de dire qu'il y avoit des abus dans toutes les parties, il l'étoit aussi de convenir *que nous vivions*, ( je n'en excepte aucune classe de l'état) *les esclaves*, de qui? *des bureaux de l'administration*, devant les passions & l'insigne cupidité desquels ON AVOIT VU SE BRISER LA GLOIRE DES CONDÉ, DES TURENNE, ET DE TANT D'AUTRES HÉROS; que, corriger ces abus, sans tarir la source d'où ils dérivoient, sans prononcer la responsabilité des commis de ces mêmes bureaux, sans ériger un tribunal uniquement occupé du soin de réprimer leur infraction aux lois, *n'étoit point rompre nos fers*; & j'en produis la preuve *dans le présent exposé*.

En faut-il une de leurs concussions & de leurs extorsions? Ne voit-on pas *ces hommes* amasser, dans leur place, *à l'exemple des visirs de l'Asie*, *des fortunes immenses*, & dans peu d'années; à la différence que, quand ils meurent, *le gouvernement ne les confisque pas à son profit comme en Asie?*

Le lendemain, je lui portai ce qu'il m'avoit demandé; il me dit, à sa première audience, qu'il avoit lu mon mémoire avec beaucoup d'intérêt; *qu'il alloit, d'abord, me faire obtenir la croix; que le reste viendroit ensuite*. Mes certificats de service lui devenoient nécessaires, pour cet objet; je les lui remis le lendemain, à sa sortie de chez le roi.

Semblable à la toile de Pénélope, *le lendemain vit disparoître l'ouvrage de la veille*. Je reçus, à sa porte, la lettre N°. 3; son style *entortillé* & *mystérieux* me fit comprendre que les sieurs Sevin & Saint-Paul *avoient soufflé leur esprit dans son ame*; dès-lors, je résolus de ne plus lui parler que de ce qui me concernoit. J'avois des pieces à remettre au rapporteur, dont il me *taisoit le nom*: il ne pouvoit faire le rapport de mon affaire, qu'il ne les eût; à moins que je ne dusse envisager tout ce que m'avoit dit ce ministre, que comme un jeu de mots : je fus m'en expliquer avec lui. Ma franchise, soutenue de la justice de mes réclamations, réveilla, en apparence, les sentiments d'équité qu'il m'avoit, d'abord, montrés, puisqu'il me dit : *M. de Fumeron est chargé de votre affaire; je la lui recommanderai. Soyez tranquille sur l'influence de mes bureaux; ils ne pourront rien contre les précautions que j'ai prises*. Il avoit, sans doute, oublié ce que je lui avois dit, que, de toutes les études, la plus difficile étoit celle de l'administration, à cause de tous ses plis & de tous ses replis.

Quel fut mon étonnement, quand j'appris que ce M. de Fumeron étoit le fils d'un ancien premier commis de la guerre, que lui-même avoit occupé cette place avant d'être maître des requêtes, & qu'au lieu du conseil du roi, il s'agissoit d'un comité? On me rassura néanmoins, quand on me dit que M. d'Ormesson présidoit ce comité. Je lui écrivis, pour le prier de me nommer un autre rapporteur, qui me fût aussi étranger qu'à mes ennemis : il trouva cette demande si juste, qu'il chargea M. de Malartic de mon affaire.

Je priai M. de la Tour-du-Pin de recevoir les pieces qui avoient été mifes fous les yeux du tribunal en 1785 , & de les envoyer au comité avec celles que produiroient fes bureaux; formalité prefcrite par la loi: *il les refufa*, en me difaut de les remettre, moi-même, à mon rapporteur. Cette réponfe me fit comprendre que le fieur Saint-Paul avoit, de fon fouffle, éteint la bonne volonté que ce miniftre m'avoit témoignée à fon arrivée dans fa place.

Pour prévenir l'effet des manœuvres que je voyois fe concerter contre moi, avant de remettre mes papiers à M. de Malartic, je fus en lire la teneur à tous les confeillers-d'état qui compofoient le comité contentieux du confeil du roi.

Je priai M. de la Tour-du-Pin de me faire délivrer 500 liv. à compte de la fomme de 24,633 liv. qui m'étoit dûe; *il me répondit qu'il ne pouvoit rien m'accorder, qu'au préalable le comité n'eût prononcé fur les divers objets de mes demandes.* Je vis qu'il me falloit avaler le calice d'amertume jufqu'à la lie : *mon ame s'en énorgueillit.*

Le comité crut remarquer, dans le refus que m'avoit fait M. de la Tour-du-Pin, de recevoir mes papiers, *l'efprit qui avoit dicté les lettres fignées SÉGUR, BRIENNE, PUYSÉGUR*; il voulut donner à fa décifion toute l'authenticité dont j'avois befoin, en la faifant précéder de toutes les formalités prefcrites par la loi; en conféquence, il me fit dire, par mon rapporteur, que je pouvois, en toute affurance, porter mes papiers à ce miniftre, *parce qu'il alloit lui marquer qu'ils ne devoient parvenir au comité que par fon canal.*

Je portai mes papiers à M. de la Tour-du-Pin; j'y joignis un inventaire des pieces, dont je remis une copie à mon rapporteur, afin de prévenir qu'aucune ne fût fouftraite par fes bureaux.

J'appris au comité que M. de la Tour-du-Pin ne fe preffoit point de lui faire l'envoi du doffier que je lui avois remis; je fus porter à fes pieds mes doléances, à ce fujet; il me répondit que, fi tout le monde étoit auffi preffant que moi dans les affaires, *il abandonneroit fa place.* Depuis fix ans que je follicitois une juftice contre fes bureaux, & que je nageois, tantôt dans les *rebuffades*, tantôt dans les *dégoûts*, je m'étois accoutumé à ces *careffes miniftérielles*; elles ne produifoient plus d'autre effet fenfible fur mon ame, que celui *de gémir fur le fort de ceux qui n'en avoient pas une comme la mienne*, pur lutter contre l'immenfe autorité des premiers commis.

Je donnai encore huit jours à ces bureaux, pour qu'ils examinaffent bien mes papiers, & qui étoient, pour la plupart, teints de leur fiel, & pour qu'ils avifaffent au moyen d'écarter *la honte dont ils alloient être couverts*, fi toutefois, cependant, *elle étoit capable de les atteindre.* Ces huit jours expirés, je fus au fecrétariat de M. de la Tour-du-Pin; j'y appris que mes papiers y étoient encore : on me les y montra. Je fus, de fuite, attendre ce miniftre, à fa fortie de chez le roi, pour lui demander fi je devois, ou non, efpérer qu'il mettroit un terme à mes fouffrances ; il me répondit qu'il étoit si vrai qu'il avoit donné l'ordre pour l'envoi de mes papiers, qu'il avoit signé, il y avoit cinq jours, la lettre qui devoit y être jointe. Je lui dis qu'apparemment il avoit cru le faire ; mais que je sortois de voir la preuve du contraire ; & où ? à son secrétariat.

Enfin, ces papiers parvinrent au comité, qui, *le 20 octobre, envoya sa décision à M. de la Tour-du-Pin*, & lui fit, en même temps, le renvoi de tous ceux qu'il lui avoit adressés.

Je me présentai au secrétariat de ce ministre, pour y reprendre le dossier que j'avois produit, & qui m'y fut remis. *De retour chez moi, je trouvai, dans icelui, la lettre N°. 4.* Je n'eus garde de la reporter au sieur Arcambale, parce qu'elle me devenoit un témoin irrécusable, pour prouver, 1°. que M. de la Tour-du-Pin ne s'étoit, d'abord, refusé de recevoir ces papiers, *que parce qu'il vouloit que je fusse jugé sur l'exposé pur & simple des commis de ces bureaux ; parce qu'il vouloit faire valider les décisions qu'ils avoient présentées à la signature de MM. de Ségur, de Brienne & de Puiségur ; parce qu'il n'avoit point voulu enfreindre l'usage établi par les bureaux de l'administration, de recevoir,* comme non avenue, *toute demande qui auroit pour objet la révision d'une décision illégale, encore que la majesté royale* interposât, pour ce, son autorité : je dis *majesté royale*, parce qu'elle a daigné faire cette demande en ma faveur, & *qu'elle a été refusée ;* parce qu'il ne vouloit point contrarier ses premiers commis, de qui il avoit besoin, *& de qui il avoit senti que l'existence d'un ministre dépendoit.* 2°. Que les lenteurs que j'avois éprouvées, avoient eu pour objet de donner le temps à ses commis *de feuilleter tous les coins & recoins de leurs bureaux*, pour tâcher d'y trouver quelque chose qui pût les servir contre moi. 3°. Que j'avois été fondé à demander un autre rapporteur que M. de Fumeron, puisque, pour une affaire de même genre, ce ministre demandoit à M. d'Ormesson, à la prière néanmoins de M. le maréchal de Beauveau, *que ce ne fût point ce maître des requêtes qui en fût chargé.*

On me prévint que le comité n'avoit pu m'allouer, des articles de mes réclamations pécuniaires, que ceux qui avoient été appuyés de pieces justificatives ; mais que je pourrois, dans une seconde requête, que je remettrois au ministre, pour qu'il lui en fît le renvoi, lui désigner les lieux où il pourroit se procurer la preuve de ce que disois dans mes mémoires, & qu'alors, il me rendroit la justice qui m'étoit dûe. Je remis cette requête à M. de la Tour-du-Pin ; je l'accompagnai même de quelques pieces, qui laissoient peu de choses à désirer, pour avoir des preuves complettes.

Les femaines s'écouloient, sans que je pusse apprendre l'accueil qu'avoit reçu de M. de la Tour-du-Pin & des sieurs Sevin & Saint-Paul ma seconde requête au comité, & sa décision concernant la première. Enfin, pressé par des besoins, je fus les lui exposer & lui dire que, sur le refus qu'il avoit fait, de me faire donner un à-compte de 500 liv., *j'avois été dans l'obligation de faire argent de plusieurs de mes effets*, & d'en envoyer d'autres *au Mont-de-Piété* : il me répondit que j'étois encore plus heureux que lui & que bien d'autres, qui n'avoient point la même ressource. Je le demande à tout le monde : est-il donné à d'autres hommes qu'à M. de la Tour-du-Pin & à des premiers commis, d'outrager de la sorte le créancier de l'état, la victime de leurs injustices ?

Je lui écrivis plusieurs lettres, qui lui peignoient ma position. Je n'en rapporterai point ici l'extrait, parce que je ne veux que soulever, & non déchirer, le rideau qui masque le régime ministériel.

Je reconnus, au silence qu'il me gardoit sur tout ce que je pouvois lui dire & lui écrire, qu'il étoit dirigé par les sieurs Saint-Paul & Sevin, puisque, même, il n'avoit aucun égard à la demande de la loi, à la décision de laquelle il avoit soumis mes réclamations.

Je fis de nécessité vertu ; j'écrivis au sieur Saint-Paul, & je fus le voir à son logement aux Invalides. Il ne se trouva pas avoir le temps d'entrer en explication : celle que nous eumes, dura néanmoins plus de deux heures. Après que je lui eus prouvé que j'étois bien instruit de ce qu'il avoit dit, que j'aurois beau dire & beau faire, que je n'obtiendrois ni mon remplacement, ni la croix, & que je lui eus dit que j'aurois desiré qu'il pût se trouver disposé à me demander raison des reproches que je lui faisois dans mon mémoire historique, il la termina par m'assurer qu'au vu de ma lettre, il m'avoit fait expédier une gratification de cent pistoles, & que je pourrois repasser, sous quatre à cinq jours, qu'il m'en remettroit l'ordonnance.

J'avois connu, par moi-même, en 1787, & par le récit que m'avoient fait, depuis lors, divers militaires chargés, comme moi, des iniquités des commis des bureaux, combien, quand le sieur Saint-Paul, oignoit de son miel ses discours ou ses promesses, il falloit se tenir sur ses gardes, de peur d'être atteint du venin mortel qu'il renfermoit. Je n'envisageai donc ce qu'il venoit de me dire d'obligeant, que comme le prélude de quelque nouvelle manœuvre de sa part.

J'écrivis à M. de la Tour-du-Pin, que j'aurois été fondé à demander des dommages-intérêts, pour le préjudice qui avoit été porté à mon honneur & à ma fortune ; mais que, moins attaché à l'argent qu'au service de ma patrie, des occasions se présenteroient de m'indemniser des pertes que j'avois faites ; que je délaissois à l'intérêt qu'il m'avoit marqué, à son arrivée au ministere, à les saisir. *C'étoit placer sur ses levres la réponse qu'il devoit faire au sieur Saint-Paul, quand il lui parleroit de moi, & qu'il lui diroit que ce seroit dégrader l'ordre des commis de l'administration, qui étoit reconnu pour le premier de l'état, (car il y en avoit quatre, & non pas trois) que de souffrir que je triomphasse des coquineries qui se commettoient dans cet ordre.*

Je fus le prier de mettre, enfin, un terme à mes souffrances, & d'envoyer ma seconde requête au comité. Ses réponses vagues me firent comprendre *qu'il étoit besoin que j'électrisasse son ame d'une autre maniere.* Je lui répondis que, bien volontiers, je cefferois de pourfuivre le rembourfement abfolu de la fomme de 24,633 l. qui m'étoit dûe; mais aux conditions, 1°. *qu'il me feroit expédier, felon le le vœu de la loi, un arrêt du confeil d'état du roi, pareil à celui qu'il m'avoit fait paffer de la Rochelle en Corfe, afin que je fuccédaffe, de plein droit, à la premiere place de prévôt, qui vaqueroit; que je perçuffe tous les émoluments de cette place, à dater du jour de fa vacance; que je fuffe difpenfé de faire des frais, que j'avois déjà faits.* 2°. *Qu'il feroit comprendre à fes bureaux qu'ils ne gagneroient rien à vouloir fe venger de l'humiliation qu'ils recevoient, par l'autorité de la loi & du roi; & que, reprenant mon ancienneté, fuivant l'ex- preffion de cette même loi, dans la colonne des prévôts généraux, ils ne prétendiffent pas me faire de paffe-droits, lorfque mon ancienneté me laifferoit prétendre à une place d'infpecteur.* 3°. *Qu'il m'expédieroit, fans délai, une ordonnance de cent piftoles, & que, lors de ma réintégration, il m'en expédieroit une autre de deux mille écus; fomme dont j'avois befoin pour me remonter dans ma place;* mais que, comme je n'avois nul befoin de faire des facrifices *pour exiger l'exécution des expreffions de la loi, à la décifion de laquelle il m'a- voit renvoyé,* fi ces propofitions ne fuffifoient point pour affurer ma tranquillité à venir, je le prévenois qu'à la plus petite tracaf- ferie que j'éprouverois de la part de fes bureaux, que, non-feu- lement j'exigerois, & la fomme qui m'étoit dûe, & les indem- nités que je pouvois réclamer, mais encore que je donnerois le jour à toutes leurs infamies. Il me témoigna être très-content de ces moyens de conciliation; je lui répondis qu'ils n'arrangeoient point mes affaires; mais que, fi je pouvois avoir la paix, je fe- rois content & à même, par mes économies, de faire face à mes engagements.

Je me repréfentai à fon audience; il me fit paffer dans fon ca- binet, où il me dit: *Saint-Paul m'a remis les papiers qui vous concernent; les voilà fur mon bureau: je les mettrai inceffamment fous les yeux du roi. Il paroît que vous en êtes bien connu; car il m'a parlé de vous avec intérêt. Votre croix ne fouffre aucune difficulté, puifque vous avez le temps requis. Votre remplacement regarde le tribunal; & vous devez favoir qu'il eft très-jaloux de fes droits. Quant à ce qui concerne l'argent, fi je puis vous obtenir 2000 liv.*: mes yeux lui exprimerent, fans doute, l'indignation qu'un lan- gage auffi captieux excitoit dans mon ame. Il fe reprit, & dit: *Cent louis, mille écus feront tout ce que je pourrai obtenir de Sa Majefté:* comme fi cette Majefté n'étoit point connue pour le prince le plus jufte & le plus bienfaifant! Je lui répondis qu'il y avoit long-temps que le roi connoiffoit mon affaire; que M. de Ver- gennes lui en avoit appris toutes les particularités; que fon avis fur icelle avoit été le même alors, que celui que venoit de donner le comité; qu'ainfi, je ne voyois pas pourquoi il vouloit me ren- voyer au tribunal, quand ces deux décifions me reportoient, de fait & de droit, dans mon grade, à mon rang d'ancienneté, dans icelui; quand elles faifoient valider ma commiffion de prévôt-général du département de la Rochelle, & fur-tout, quand ce tribunal avoit manifefté fon vœu, à mon égard, dès 1785; que, de la même maniere que l'on m'avoit expédié un arrêt du confeil, *pour paffer, d'une prévôté vendue par le fieur Sevin, à une qui n'avoit jamais été confidérée que comme une fureté des fommes qu'on lui remettoit pour en obtenir*, on pouvoit de même, & avec bien plus de titre, me faire expédier un même arrêt pour me remettre en poffef-fion d'une place, de laquelle il étoit enfin prouvé que je n'avois été dépoffédé, que parce que je la tenois des grâces de la ma-jefté royale, & non pas de celles de fes fous-ordres; que les deux décifions, & *que je connoiffois peut-être mieux que lui, de quoi il ne devoit point être étonné*, portoient *que je ferois réintégré, & non repréfenté*; qu'ainfi, je devois être furpris qu'après m'être ruiné à folliciter une juftice; juftice qu'il m'avoit mis à même d'obte-nir; il voulût détruire fon ouvrage, en prenant, comme non avenue, l'intervention de la loi; & cela, parce qu'elle m'avoit été favorable; que, s'il fe propofoit réellement d'accoucher d'une pareille monftruofité, je le prévenois que je la dénoncerois à la loi & au roi; que je voyois bien que les fieurs Saint-Paul & Sevin avoient formé le projet d'arranger les chofes de maniere que je ne recueilliffe d'autres fruits de mes peines, que la croix & les mille écus dont il venoit de me parler; mais que l'intérêt de mon honneur & de ma fortune ne me permettoit point d'avoir aucun égard à l'humiliation qu'ils recevoient dans mon rem-placement.

Ce miniftre fe fcandalifa de la chaleur avec laquelle je défen-dois mes intérêts; il me dit qu'il ne me renvoyoit au tribunal, que pour remplir les formalités, & obvier à ce qu'il ne lui fît un crime d'y avoir manqué. Je lui répondis que, pour lui prou-ver ma déférence pour tout ce qui pouvoit lui être agréable, vo-lontiers je m'affujettirois de nouveau à une préfentation, *quoi-qu'elle me parût ridicule, & devoir paroître telle au tribunal lui-même*; car, enfin, *je ne pouvois être préfenté pour obtenir un grade que la loi & le roi m'avoient rendu*; & qu'à l'égard de la cha-leur dont il fe plaignoit, je le priois de confidérer que, de-puis treize ans que fes bureaux *ne me tenoient aucun compte de ma patience & de ma difcrétion*, il n'étoit point furprenant que je lui laiffaffe appercevoir que *j'étois auffi fenfible aux outrages qu'aux honnétetés*; que ces bureaux, *habitués à voir toutes les autorités flé-chir devant leurs paffions & leurs intérêts*, ils devoient trouver très-étrange *de ce que le comité contentieux du confeil du roi fe fût mon-tré n'avoir aucun égard aux décifions tyranniques & iniques qu'ils avoient préfentées à la fignature de MM. de Ségur, de Brienne & de Puyfégur*; mais qu'après tout le mal qu'ils m'avoient fait, & que j'entrevoyois qu'ils projetoient encore de me faire, ils devoient, au lieu de vouloir compofer avec mon honneur, fe trouver heu-reux de ce que je les avois autant ménagés dans mes mémoires. Ce difcours fit, fans doute, fortir de fon cabinet le génie mal-faifant des fieurs Sevin & Saint-Paul; car *il me dit, avec un ton gracieux, qu'il arrangeroit tout cela à ma fatisfaction*.

J'allois

J'allois, tous les jours, à son secrétariat, pour y apprendre s'il avoit signé l'ordonnance des cent pistoles. Le 14 novembre, le sieur Arcambal me dit qu'il s'étoit réservé de me la remettre lui-même ; que je pouvois passer dans son cabinet ; qu'il avoit donné l'ordre de me le dire. Je m'y rendis : après qu'il m'eût demandé ce que j'avois, & que je lui eus répondu qu'il falloit que j'eusse un aussi grand besoin d'argent, pour sortir *aussi malade, il me signifia qu'il ne pouvoit me délivrer cette ordonnance, qu'au préalable je ne lui eusse remis une renonciation conforme aux dispositions d'un des articles d'une lettre qu'il alloit m'écrire.* Il me conduisit à ce même secrétariat, où il ordonna au sieur Arcambal de me montrer l'article de la minute de cette lettre, *& de ne me remettre l'ordonnance des cent pistoles, qu'après que je lui aurois remis ma renonciation.*

Le sieur Arcambal, au bureau de qui je me plaçai, me donna le temps de lire cette minute dans son entier ; elle me prouva que M. de la Tour-du-Pin & le sieur Saint-Paul tiroient avantage de la gêne où je me trouvois, pour dérober à la connoissance du public les iniquités qui se commettoient, de la part de l'administration, *puisqu'ils entendoient de prendre comme non avenue la décision du roi & celle du comité contentieux de son conseil, en ce qui concernoit, & mon remplacement, & le remboursement des retenues arbitraires que j'avois éprouvées sur mes appointements.* Ces deux décisions m'étoient parfaitement connues ; mais, dans des circonstances aussi embarrassantes que celles où je me trouvois, je jugeai que je devois user de dissimulation, & voir comment on s'y prendroit pour légitimer un procédé à la fois malhonnête & contraire aux lois.

Je fis cette renonciation, Nº. 6, dont je mis un double dans ma poche. Le sieur Arcambal, à qui je la donnai, me remit l'ordonnance des cent pistoles, *& fut, de suite, la porter à M. de la Tour-du-Pin, qui vit bien, à la maniere dont je l'avois faite, que je voyois jour à la frapper de nullité.* Il me manda dans son cabinet ; ce que m'ayant rapporté le sieur Arcambal, j'en pris le chemin, Nº. 7 : je n'eus garde d'insister. Je fus, de suite, au trésor royal pour y réaliser l'ordonnance ; & de là, je fus consulter des avocats sur la violence qui m'avoit été faite.

Les uns & les autres me dirent *qu'il étoit évident que M. de la Tour-du-Pin, avant de me livrer cette lettre, qu'il avoit bien senti être de nature à le compromettre, avoit voulu voir si j'avois pénétré ses intentions ;* que la condition sous laquelle il m'accordoit mille écus, *prouvoit qu'il n'avoit eu aucun égard à la décision du roi, & à celle du comité contentieux de son conseil ;* qu'ils étoient d'avis que j'attendisse, pour me pourvoir contre cette violation de toutes les lois envers moi, que j'eusse reçu cette lettre, parce que, *nanti de la preuve du délit,* je pourrois *alors l'obliger à revenir sur ses pas ;* & dans le cas contraire, *l'actionner devant les tribunaux, puisque, avec cette seule lettre, je pouvois prouver qu'il me demandoit ce qu'il avoit commencé par se faire donner, & par la*

C

*rufe, & par la force : procédé qui annulloit, de fait & de droit, toute renonciation de ma part.*

Le 17, le fuiffe de fon hôtel m'arrêta, comme j'y entrai, pour me remettre la lettre N°. 7 ; il me dit qu'il la tenoit depuis trois jours, parce que le garçon de bureau du fecrétariat n'avoit pu trouver ma demeure. Je jugeai que je ne devois me préfenter devant lui *qu'avec une renonciation motivée, daprès les conditions que j'avois mifes à la ceffation de mes pourfuites, touchant le payement de la fomme qui m'étoit dûe,* afin que, par l'acceptation ou le refus qu'il feroit de cette piece, je puffe apprendre ce que j'aurois à faire.

Je me préfentai donc chez lui avec cette renonciation N°. 8 : le fieur Saint-Paul fe trouvoit dans fon cabinet. Quand il l'eut lue, il me dit : Je vous crois bien ; *mais cela ne fuffit pas ; placez-vous à mon bureau, je vais vous la dicter dans les termes qui conviennent.* Je ne m'étois point préparé à repouffer cet excès de violence, parce qu'il n'étoit point entré dans mon efprit qu'il fût capable d'outrer les chofes à ce point-là ; *je luis dis néanmoins, en écrivant fous fa dictée, qu'en me forçant de renoncer à ma créance, c'étoit convenir de fa légitimité.* C'étoit faire bien plus : eu égard à l'oppreffion fous laquelle j'avois gémi pendant treize ans ; eu égard aux refus qui m'avoient été faits de toute juftice, depuis fix ans que je la follicitois ; eu égard aux pertes & aux facrifices que j'avois faits., eu égard au travail que j'avois préfenté & qui m'avoit été demandé ; eu égard à la confiance & au zele que je lui avois marqués ; eu égard aux circonftances dans lefquelles je me trouvois, & eu égard à la décifion du Roi & du comité contentieux de fon confeil, c'étoit, de la part de ce miniftre, fe montrer, non celui d'un prince équitable & bienfaifant, mais le protecteur du vice, l'ennemi de l'ordre, & l'efclave de fes agents principaux & fubalternes. Le temps de le lui dire n'étoit pas encore venu. Il me dit de dater cette renonciation du 14, fans faire attention que fa lettre de ce jour, n°. 7, deviendroit dans tous les temps un témoin de ce faux, de la violence qu'il me faifoit & de l'abus qu'il fe permettoit de faire de l'autorité de fa place.

Quand il eut cette renonciation, *il déchira la premiere & en jeta les morceaux au feu* ; mais j'avois eu la précaution d'en garder un double, n°s. 6 & 7. Je lui demandai quand je recevrois la lettre dont il m'avoit parlé, & dont j'avois vu un article de fa minute. Le fieur Saint-Paul, qui avoit été le témoin *de fa docilité à fe conformer à ce qu'il lui avoit preferit,* jugea qu'une dofe de fon miel me feroit digérer cette iniquité : *il me répondit, pour ce miniftre, qu'il avoit voulu y joindre une ampliation de la décifion du comité contentieux du confeil du Roi, afin que je puffe me préfenter au tribunal avec cette piece, pour y folliciter mon remplacement.* Je ne jugeai point devoir le remettre à fa place, dans la crainte qu'il ne changeât les difpofitions de cette lettre que j'avois trouvée de nature *à faire fléchir fa fourberie devant l'opinion des honnêtes gens.*

M. de la Tour-du-Pin n'apprit point que je me fuſſe pourvû contre la rénonciation qu'il m'avoit obligé de lui remettre ; il ordonna, en conféquence, que l'on me remît la lettre après laquelle je foupirois, ainſi qu'une foit-difante ampliation de la décifion du comité. *Ces deux pieces me furent délivrées le 23, n°. 9.* Ma furprife fut extrême, lorſque je vis que *ſa lettre étoit antidatée du 14 :* je fus les montrer au tribunal & à plufieurs perfonnes de marque, qui toutes étoient inftruites des particularités de mon affaire, pour qu'en cas de fouftraction ou de retrait de ces deux pieces, elles puffent être cautionnées, & me fervir à prouver que ce miniftre avoit *fubftitué la rufe & la fupercherie à l'équité & à la droiture qui doivent couvrir les actions d'un homme qui eft honoré de la confiance du Prince.*

Le 25, je fus lui rendre ce qu'on m'avoit dit au tribunal, *que s'il avoit véritablement l'intention de remplir le vœu de la loi & du Roi, qui avoient décidé que je ne devois point être confidéré comme retiré du fervice, mais comme ayant conſervé mon activité & mon rang dans icelui,* il lui auroit fait part de cette décifion ; qu'il lui auroit laiffé le foin de demander l'expédition de ma croix ; & qu'en général, *ſa lettre & la piece qui s'y trouvoit jointe, on avoit trouvé & reconnu qu'elles compromettoient & ſon honneur & la dignité de ſa place.* M. de la Tour-du-Pin s'adreffant au fieur Saint-Paul, lui dit : *Vous voyez, c'eſt de votre faute.* Il ne m'apprenoit rien que je ne fuffe ; ce premier commis entreprit de me tranquillifer fur mon remplacement, fans confidérer que j'avois eu tout le temps de reconnoître en *lui le tartuffe de Moliere.* Je dis à ce miniftre que je ne me départirois point des conditions fous lefquelles je lui avois offert de ne point pourfuivre l'abfolu rembourfement de la fomme qui m'étoit dûe, & que, fi aucune étoit violée, même par la fuite, que je m'en tiendrois à la décifion du Roi & à celle du comité contentieux de fon confeil, *qui étoient bien différentes de la copie qu'il m'en avoit remife,* & que je faurois l'obliger de faire à ce comité l'envoi de ma feconde requête, n° 5. Il comprit, à l'affurance avec laquelle je lui parlois, que j'étois bien réfolu & bien décidé à faire ufage des armes qu'il m'avoit données contre lui, & que le fieur Saint-Paul avoit eu la mal-adreffe d'éfiler. *Il me demanda ſi cette lettre avoit été vue de tout le tribunal :* je lui repondis que non ; *il me pria de ne point aller plus loin, & fur toutes chofes de ne point le compromettre envers MM. les maréchaux de France ; que je ferois content de la lettre qu'il alloit leur écrire, & de celle qu'il me remettroit en échange de celle dont étoit queſtion.* Je lui répondis que, s'il tenoit fes nouvelles promeffes, je lui garderois le fecret ; mais que, fi je venois à m'appercevoir, dans la fuite, que l'on voulût fe venger de n'avoir pas réuffi, pour cette fois, à me tromper, *j'inf-truirois le public de tout ce que je ſavois.*

Je ne fus pas forti, que je m'apperçus que j'avois oublié mon manchon : je retournai le prendre. Le fieur Saint-Paul, que je trouvai dans le fallon de compagnie, me demanda *ſi*

*j'avois fur moi la lettre & la copie de la décifion du comité, de
les lui remettre, & de m'en repofer fur lui du foin de me rendre content ;* je lui répondis qu'elles me tenoient lieu de reliques contre les fortileges ; que, quand je recevrois d'une main la lettre
qu'il venoit d'être convenu que l'on m'écriroit, de l'autre
je lui remettrois ce qu'il me demandoit.

M. de la Tour-du-Pin, *dans la matinée du 29, & avant
d'aller voir l'hôtel du tribunal, qu'il fe propofoit d'aller habiter
avec fes bureaux,* me reçut chevalier de Saint-Louis. Le fieur
Arcambal & le fieur Saint-Paul furent les témoins de cette
réception ; ce dernier me dit, que je devois regarder ce miniftre *comme mon pere, car il m'en tenoit lieu.* Je mis cette ou-
verture à profit & je raçontai en gros, à ce pere, *tout ce qui
avoit été imaginé par la méchanceté, pour m'obliger de renoncer,
d'abord, à la place de prévôt-général que j'occupois à la Rochelle,
& enfuite à la même place que j'occupois en Corfe,* & pour que
je ne réuffiffe point dans mes démarches, à l'effet d'en obtenir juftice. *Il demanda à ce premier commis s'il étoit vrai que
j'euffe produit la preuve de tous ces faits :* j'étois là, *il ne pouvoit le tromper.* Il lui répondit que oui. Le fieur Saint-Paul
crut, par cette réponfe, m'avoir prouvé que je devois im-
puter, non à lui & au fieur Sevin, mais aux feuls miniftres
qui avoient précédé, les réponfes qui avoient été faites aux
mêmes demandes qui venoient d'avoir été trouvées juftes &
fondées par le roi & par le comité contentieux de fon confeil ; *mais la plaie que M. de la Tour-du-Pin lui avoit faite le 25,*
étoit trop préfente à ma mémoire, quand je n'aurois pas eu
d'ailleurs d'autres preuves de *fa duplicité,* pour attribuer à d'autres qu'à lui & à fon ami Sevin, toutes les vexations & toutes les injuftices que j'avois éprouvées.

Huit jours s'écoulerent fans que j'entendiffe parler de la lettre que je devois recevoir ; j'en parlai au fieur Saint-Paul : il
me répondit qu'il en avoit envoyé la minute à M. de la Tour-
du-Pin, *qui en avoit changé les difpofitions ; de quoi il étoit* fâché.
Je compris qu'il vouloit *rejeter fur ce miniftre les productions de
fon génie malfaifant :* je lui dis que j'allois mettre à profit ce
qu'il venoit de me dire.

Le 15 décembre, je fus au fecrétariat de M. la Tour-du-
Pin. Le fieur Arcambal me demanda fi j'avois fur moi les pieces à échanger : j'en avois tiré des copies ; copies que j'avois
montrées aux perfonnes qui connoiffoient mon affaire, *afin qu'elles
puffent être entendues fur l'exiftence de ces deux pieces, fi jamais befoin en étoit.* Je lui remis donc la lettre foi-difant du 14 novembre, & il me remit celle n° 10, & la copie de celle qui
avoit été écrite au tribunal. *Comme il omit de me demander l'ampliation de la décifion du comité,* & que je jugeai par ce que
m'avoit dit le fieur Saint-Paul, que cette piece, qui étoit *fignée
de M. la Tour-du-Pin,* pourroit un jour me devenir très-utile,
ne fût-ce que pour *conftater l'exiftence de la lettre que je remettois,*
je ne me fis aucun fcrupule de garder ce témoin de la mauvaife

loi qui exiftoit, & des infamies qui fe commettoient dans les bureaux de l'adminiftration.

*La datè de cette lettre n°. 10 reportée au 12 novembre, parce que ma renonciation étoit du 14 du même mois, & la demande que M. de la Tour-du-Pin m'y faifoit encore d'une renonciation,* ne me laifferent plus aucun lieu de douter qu'il n'eût encore l'intention, & le fieur Saint-Paul de me rendre la victime de ma loyauté. Je fus d'abord au tribunal pour m'affurer de l'exiftence de la lettre dont on venoit de me délivrer une copie : on m'y dit qu'elle étoit abfolument conforme à celle qu'avoit reçue M. le maréchal de Contades, mais que ce qui l'avoit étonné, c'étoit de l'avoir reçue *après plus d'un mois de fa date.*

Mes confeils me dirent ( touchant la date de cette lettre & l'oubli que M. la Tour-du-Pin avoit fait, & des conditions que j'avois pofées & des promeffes qu'il m'avoit faites ) que fa lettre vraiment du 14, n°. 7, me fuffiroit pour prouver *qu'il avoit abufé des prérogatives de fa place,* en me forçant de lui remettre une renonciation à une créance légitime & *reconnue telle par la loi & le Roi ;* que cette même lettre prouveroit encore le faux qui fe trouvoit dans la date de cette *renonciation,* dans celle de la lettre qu'il venoit de me remettre n°. 10, & dans celle que je lui avois remife en échange, n°. 9 ; que la lettre de M. le maréchal de Contades *deviendroit un autre témoin de ce faux ;* que la contradiction qui exiftoit entre les n°s. 9 & 10. décéloit *la fupercherie, & que mal-à-propos il avoit fait parler le Roi ;* que, de fon propre aveu, *l'ampliation qu'il m'avoit remife de la décifion du comité contentieux du confeil du Roi étoit infidelle ;* ce qui étoit encore prouvé *dans fa lettre à M. le maréchal de Contades ;* qu'il étoit évident qu'il ne s'étoit refufé de faire au comité, l'envoi de ma feconde requête, que parce que, d'une part, il ne vouloit point qu'il apprît l'ufage qu'il avoit fait de fa décifion, & de l'autre, qu'il avoit fenti les conféquences pour lui, que l'on mît à découvert toutes les horreurs qui fe commettoient dans fes bureaux ; que s'il n'avoit fait mention dans fa lettre n° 10, que d'une des conditions que j'avois mifes à la ceffation de mes pourfuites, c'étoit fans doute, *parce qu'il voyoit jour, ainfi que fes bureaux, à éluder ma réintégration dans mon emploi.*

Ces confeils me dirent que je ferois toujours à temps de protefter contre la renonciation que l'on m'avoit forcé de faire ; qu'il falloit que j'attendiffe la vacance d'une place, pour voir comment s'y prendroient M. de la Tour-du-Pin & le fieur Saint-Paul, *pour fouler à leurs pieds l'autorité de la loi & du Roi.*

On m'apprit que le fieur Heurard prétendoit auffi à la premiere place de prévôt-général qui viendroit à vaquer : *reporté, comme je l'étois, par l'autorité de la loi & du Roi, à mon rang d'ancienneté, dans la colonne des prévôts-généraux, puifque je date dans icelle du 1er juillet 1778,* je ne devois avoir aucune inquiétude touchant les prétentions de cet officier, qui feroit encore lieutenant de maréchauffée à Gap, fi, en 1784, le fieur Sevin n'eût point surpris la justice de M. le maréchal de Ségur. Néanmoins je témoignai mon étonnement au sieur Saint-Paul, de ce que ni lui, ni M. de la Tour-du-Pin, ne m'avoient point parlé de ce prévôt général. Ce premier commis me répondit, « que, quand je n'aurois point sur lui une ancienneté de huit ans, il avoit été réformé, & que comme tel il n'avoit rien à prétendre ». L'ordonnance du 8 mars 1789 m'apprit que le sieur Saint-Paul vouloit endormir ma surveillance : je me tins pour averti ».

Les pieces qui se trouvoient jointes à ma seconde requête au comité, pouvoient me devenir utiles, dans le cas où le temps ne dompteroit point mes ennemis, acharnés à me persécuter : je les réclamai ; leur refus auroit pu déceler les projets concertés contre moi ; M. de la Tour-du-Pin ordonna qu'on me les remît ; *le sieur Saint-Paul en exigea un reçu* ; il me demanda ce que je voulois en faire, & si je *ne ferois pas un feu de joie, comme je l'avois dit, de toutes ces paperasses.* Je lui répondis que la prudence exigeoit de moi que toutes ne fussent point ensevelies dans les flammes.

Je ne connoissois point M. de Bourniffac, prévôt-général des maréchaussées de Provence : sur ce que l'on me dit touchant son honnêteté, sa probité & sa droiture : je fus prier M. de la Tour-du-Pin de me permettre de lui prouver que ce prévôt-général méritoit, à plus d'un titre, qu'il fît des démarches en sa faveur ; il me répondit que nous en causerions, *si je voulois dîner avec lui :* quelques jours auparavant, *il m'avoit dit de venir le voir souvent, afin,* disoit-il, *de ne point m'oublier.* Tant de marques d'estime & d'affection ne s'accordoient point avec ses procédés, touchant la décision du roi & du comité ; néanmoins j'acceptai son dîner ; il n'eut le temps de m'entendre qu'en allant de chez lui chez le roi. Je lui dis, chemin faisant, que les reproches faits à ce prévôt général devoient retomber sur lui & sur M. le garde des sceaux, parce qu'ils ne l'avoient point mis en état de pouvoir prendre d'autre route que celle qu'il avoit suivie ; *il me demanda ce qu'il falloit faire pour le sortir d'embarras* ; je le lui dis & je lui ajoutai, que de mon côté je parlerois à tous les députés de ma connoissance ; il me promit qu'il alloit, de ce pas, en causer avec M. le garde des sceaux.

Je fus lui faire part des instances qui m'étoient faites, pour que j'allasse aux clubs de l'assemblée nationale, pour que j'y donnasse mes plans & leur développement. *Il me le défendit, alléguant, pour raison, qu'il falloit y prêter un serment qui pourroit me préjudicier dans la suite.*

Le 10 du mois de février, je fus l'informer que *M. de Noailles m'avoit prié, à la demande de plusieurs députés, de passer chez lui ; qu'il m'avoit demandé, au nom du comité militaire, dont il étoit membre, de lui fournir un plan pour les maréchaussées, correspondant avec l'esprit de la constitution ; qu'il m'avoit ajouté que mon travail, pour cette partie, avoit été généralement goûté, & que j'aurois la première place en autorité dans cette troupe.* Je dis à ce ministre que je m'étois engagé avec plaisir à fournir ce travail, même sous huit jours ; mais que je serois très-aise qu'il voulût ajouter son approbation à la confiance dont le comité vouloit bien m'honorer. *D'abord*, *il me défendit de rien donner par écrit* ; *que si le comité insistoit, me dit-il de lui offrir verbalement les explications qu'il desiroit* ; *& ensuite il me dit, de me dégager envers M. de Noailles, qui vouloit, disoit-il, traverser ses projets, de lui M. de la Tour-du-Pin.* Je lui répondis que, dans les circonstances où je me trouvois, les ordres qu'il me donnoit, pouvoient me devenir très-préjudiciables par la suite ; *il me dit que je n'avois point à balancer, que même il exigeoit de moi que je lui montrasse la lettre que j'écrirois à M. de Noailles, avant de la lui faire parvenir.* Je fus, en effet, la lui porter ; & son valet de chambre, à qui je la remis, non cachetée, me dit, en me la rendant, qu'il l'approuvoit.

M. de la Tour-du-Pin *venoit de contracter avec moi, sans s'en appercevoir, deux engagements, qui, ajoutés aux promesses qu'il m'avoit faites, devoient ne me faire éprouver aucune difficulté ni tracasserie de sa part & de celle de ses bureaux, lorsqu'il s'agiroit de me remettre en fonctions, & de me faire donner la somme de deux mille écus que je m'étois réservée.*

*Il me demanda un plan pour les maréchaussées, calqué sur la division du royaume en départements, & d'y ajouter les réflexions que me suggéroit mon expérience de la chose.* Je le lui remis, & il m'en témoigna sa satisfaction.

J'appris *qu'il avoit averti le tribunal de la vacance de la prévôté du Dauphiné* ; *que, dans la lettre qu'il lui avoit écrite, il lui avoit* désigné le sieur Heurard, « comme devant obtenir cette place, » & qu'elle ne faisoit aucune mention de moi ». Je fus l'attendre à la sortie du conseil, pour lui rappeler mes droits à cette place, ses promesses verbales & par écrit, & les refus qu'il m'avoit fait faire, & au comité militaire & aux clubs ; il me répondit que cette place revenoit de droit au sieur Heurard ; qu'au surplus, je ne devois point desirer d'être employé dans les circonstances où l'on se trouvoit ; « que dans ma position j'étois plus heureux que lui & le brave homme qui marchoit devant nous, c'étoit M. de Pompignan, qui se trouvoit réduit à rien » : si c'étoit être heureux que de se voir spolier & tromper, je ne pouvois méconnoître en lui mon bienfaiteur, sans me faire taxer d'ingratitude.

Je me présentai le lendemain à son audience, & je lui remis un mémoire ; quand il l'eut parcouru, il me dit, *qu'il étoit difficile de me faire entendre raison* ; je lui répondis, *que la raison dont il me parloit, je n'en avois jamais ouï parler ailleurs que* « dans les cabinets des sieurs Sevin & Saint-Paul, d'où l'équité, la bonne foi & la franchise étoient bannies ».

On me dit, en sortant de chez lui, qu'il avoit promis de donner la place au sieur Heurard, parce qu'il avoit sur moi l'avantage de lui avoir été désigné & recommandé ; je vis plus clairement encore que je ne l'avois fait, que ce que m'avoit dit le sieur Saint-Paul, touchant cet officier, n'avoit eu pour objet de sa part, *que d'endormir mon activité.*

Je remis à M. de la Tour-du-Pin un second mémoire, plus circonstancié que le premier ; & je le prévins, que celui que j'allois préfenter au tribunal, feroit pour le moins auffi conféquent; il me répondit qu'il alloit faire à ce tribunal le renvoi de celui que je lui remettois.

On me rendit mot pour mot ce que contenoit la lettre qui y avoit accompagné mon mémoire, & l'on m'ajouta que MM. *de Ségur & de Beauveau* avoient été invités à s'oppofer à ce que je fuffe compris dans fa préfentation. Je ne dus ces avertiffements qu'à l'indignation qu'avoit excitée le traitement qui m'avoit été fait en 1785, contre le vœu du tribunal, & à la conduite inique que l'on tenoit de nouveau envers moi.

La juftice de M. le maréchal de Ségur avoit été furprife contre moi. Le fait étoit prouvé. M. le maréchal de Beauveau avoit de même été trompé par des perfonnes que le temps lui apprendra fans doute à connoître; mais MM. les maréchaux de Mouchy, de Mailly & de Laval, me dirent qu'ils n'avoient jamais varié fur mon compte, que je fuffe tranquille, qu'ils auroient foin que juftice me fût rendue. M. le maréchal de Contades me fit l'honneur de me dire, à fon arrivée à Paris, qu'il avoit lu mon mémoire avec intérêt, & que le tribunal ne connoiffoit que la juftice.

MM. les maréchaux de France envoyerent, le 23 mars, leur préfentation à M. de la Tour-du-Pin, c'eft-à-dire qu'ils lui rappellerent les lettres « qu'il leur avoit écrites me concernant, afin de lui faire comprendre qu'ils étoient bien inftruits & mieux qu'il ne le vouloit ».

Je me préfentai chez lui; & dans fon cabinet, où fe trouvoit le fieur Saint-Paul, je lui dis que, le tribunal m'ayant compris dans fa préfentation, j'avois lieu d'efpérer qu'il mettroit à exécution ce qu'il me difoit dans fa lettre n° 10, article 4. Il me répondit, *que j'avois beau faire, qu'il feroit donner cette place au fieur Heurard.* Je lui obfervai que, fi, au mépris des décifions de la loi & du roi & de fes propres écrits à lui miniftre, il me préféroit mon cadet en grade, ce feroit apprendre à MM. les maréchaux de France qu'ils avoient eu tort de me préfenter, & que cet avertiffement feroit qu'ils ne me préfenteroient plus. *Il me dit qu'ils n'auroient plus ce droit, que je pouvois compter fur l'affurance qu'il m'en donnoit.* Saifi d'étonnement, le fieur Saint-Paul me dit, *pour appuyer ce difcours, que les chofes n'en iroient que mieux,* je compris pour lui, *parce qu'il pourroit alors trafiquer de tous les emplois de la maréchauffée,* comme l'avoit fait le fieur Sevin, à qui *la calomnie, fans doute,* portoit *à un million* les bénéfices qu'il avoit faits *dans moins de dix ans,* tant *fur ce corps que fur l'habillement des troupes.* Je dis à M. de la Tour-du-Pin, que j'efpérois qu'il auroit quelques égards aux inftances qui lui avoient été faites par quelques-uns du confeil du roi. Il me répondit *que ce feroit la majefté royale, qu'il n'en démordroit pas.* Je crus entendre le Grand-Sultan prononcer un arrêt de mort; je me retirai.

MM. les maréchaux de France avoient eu quelques droits de fe fcandalifer du procédé de M. de la Tour-du-Pin, *touchant leur hôtel;* ce miniftre favoit fans doute alors qu'il leur devien-

**droit**

étoit inutile ; comme il ne pouvoit douter de la protection dont ils m'honoroient, je voulus savoir si c'étoit là le motif pour lequel il jugeoit pouvoir n'avoir aucun égard à la décision de la loi & du roi, & à ce qu'il m'avoit dit, que ma présentation n'étoit que pour remplir les formalités. Je fus le trouver ; & dans son cabinet, en présence encore du sieur Saint-Paul, que, depuis ma renonciation, j'avois toujours le bonheur d'y trouver, je lui dis qu'il se méprenoit grandement, s'il espéroit que je garderois le secret, sur tout ce qui étoit à ma connoissance : il entreprit, par ses lamentations & ses jérémiades ordinaires, de tâcher de me faire condescendre à ses volontés ; il me dit qu'il étoit plus à plaindre que je ne le pensois ; qu'il seroit très-aise que le roi voulût recevoir sa démission ; qu'il avoit cinquante ans de service, & qu'il étoit criblé de blessures ; qu'il avoit partagé son bien à ses deux enfants ; qu'il n'avoit plus que de quoi aller jouir, dans une communauté, de la tranquillité après laquelle il aspiroit ; & que cela étoit si vrai, qu'il avoit déjà pris des arrangements avec un moine, qu'il me cita, & dont j'ai oublié le nom. Je lui fis remarquer que tout ce qu'il me disoit, devenoit étrange à la chose dont il s'agissoit, & qui étoit d'acquitter une dette dont j'avois ses obligations bien & dûment signées de lui.

Il me dit, dans un tête à tête, où je lui appris qu'il s'étoit aliéné l'esprit de bien du monde, « que MM. de Segur & de Beauveau lui avoient fait de vifs reproches de ce qu'il avoit renvoyé mon affaire au comité contentieux du conseil ». Je lui répondis que la décision de ce comité & celle du roi, qui, depuis très-long-temps étoit instruit de mon affaire, attestoient les injustices de ces MM. envers moi.

Le sieur Saint-Paul me prévint « que je lutois contre M. le maréchal de Beauveau, qui étoit très-tenasse » ; que je ferois bien d'établir, dans un mémoire, les raisons que j'avois de me plaindre de ses sollicitations contre moi. Je lui répondis qu'il me sembloit que l'on vouloit faire parler MM. de Segur & de Beauveau pour autoriser les refus & les lenteurs que j'éprouvois ; que, néanmoins, je remettrois le mémoire dont il me disoit à M. de la Tour-du-Pin. Six semaines s'écoulerent, sans que je pusse déterminer ce ministre à remplir ses engagements vis-à-vis de moi. Je pris, enfin, le parti d'aller lui dire, « que s'il prétendoit de me faire servir d'exemple à ceux qui voudroient se dévouer, comme je l'avois fait, au bien de la chose publique, j'irois implorer la justice du roi ; & je lui ajoutai, & même je le lui écrivis, que je remettrois ma croix à sa majesté, parce que je ne voulois point la porter souillée de ses injustices & de celles de ses bureaux ». Le sieur Saint-Paul, qui se trouva encore présent à cette scene, me pria le lendemain « de revoir son ministre, & de lui dire quelques choses de satisfaisant, parce que, me dit-il, je l'avois si fort troublé, qu'il avoit été plus de deux heures sans pouvoir faire son travail avec lui ». Il m'ajouta qu'il étoit tellement disposé à m'employer, qu'il en avoit fait note ; pour me le prouver, il me montra un carré de papier crayonné de

D

mon nom ; je lui répondis que toutes ses douces paroles étoient des hors - d'œuvres ; que si j'avois sa fortune, il y auroit très-long-temps que je me serois épargné le désagrément de connoître tous les plis & les replis de son ame ; & que, sous peu de jours, je saurois lui apprendre, & à M. de la Tour-du-Pin, que la révolution ne m'avoit point paralysé l'ame, le raisonnement & le discernement.

Ce premier commis reconnut, à la fermeté avec laquelle je lui parlai, que j'étois bien décidé d'aller porter mes plaintes au roi & à l'assemblée nationale ; il me dit, à dessein, sans doute, de me paroître n'avoir aucune part à ce qui se machinoit contre moi en Dauphiné, que M. de la Tour-du-Pin y avoit écrit, qu'il étoit obligé d'attendre la réponse à ces lettres, & que cet incident tourneroit à mon avantage.

Cet incident, le temps l'a développé, puisque toutes les manœuvres de M. de la Tour-du-Pin & du sieur Saint-Paul, sont connues.

Je patientai encore huit jours ; après quoi, j'écrivis au sieur Saint-Paul, que j'irois lui faire la lecture du mémoire que j'allois présenter au roi, mémoire que je me proposois de rendre public ; qu'il dépendoit de lui & de M. de la Tour-du-Pin, de ne point se voir dépeints d'après nature ; je fus, en effet, pour le lui lire ; *il n'en eut pas entendu quelques passages, qu'il me pria de le remettre dans ma poche, en m'ajoutant que ce ministre étoit très-disposé à me donner la place ; mais que je prisse encore un peu de patience, parce qu'il s'agissoit d'arrangements, qui ne pouvoient se jeter au moule.*

Ces arrangements consistoient *à donner au sieur Baviere, sous-lieutenant de la compagnie de Provence ; au sieur Durand-de-Cuny, lieutenant de maréchaussée, à Grenoble ; & au sieur de M..., le temps* de concerter les moyens de m'obliger de renoncer au commandement de la compagnie du Dauphiné.

Je retournai, le lendemain, chez le sieur Saint-Paul, pour lui observer qu'il y avoit 48 jours que M. de la Tour-du-Pin avoit reçu la présentation du tribunal ; qu'il avoit écrit à ce tribunal *qu'il étoit très-instant de remplacer feu M. de la Rochette ; qu'étant en son pouvoir de le faire & ne le faisant pas, il seroit, je le croyois, très-embarrassé, si on l'obligeoit d'en produire le motif.* Il me répondit, que j'étois d'une impatience extrême, qu'il me conseilloit de voir M. de Gouvernet, *qui étoit l'ame de tout cela.* Je lui dis que je n'avois nul besoin de voir personne ; que je n'avois besoin d'autres protecteurs que de mes droits, & des écrits dont j'étois porteur ; que, d'ailleurs, je ne voulois point, en allant voir le fils de M. de la Tour-du-Pin, acquérir la preuve de ce que l'on disoit dans le monde ; que je serois très-fâché, encore, que M. de la Tour-du-Pin se méprît, au point de croire qu'il lui suffisoit d'avoir ma renonciation ; que s'il eût voulu entendre la lecture de mon mémoire, il se seroit convaincu qu'elle étoit nulle, par le fait & par le droit ; il me pria de n'en point parler, qu'il vouloit que j'eusse les honneurs du sacrifice.

J'écrivis à M. de la Tour-du-Pin, touchant la démarche que ce premier commis m'avoit conseillé de faire auprès de M. son fils; ma lettre produisit, sans doute, l'effet que je m'en étois proposé, puisque, trois jours après, le sieur Saint-Paul m'apprit, mais sous le plus grand secret, me dit-il, *que ma nomination étoit faite du 10 du mois, jour où ce ministre avoit travaillé avec le roi.* Il me demanda mon adresse, afin de m'en faire parvenir la lettre d'avis.

Je reçus cette lettre, n°. XI. La sécheresse de son style m'apprit les violences que le M. de la Tour-du-Pin & le sieur Saint-Paul s'étoient faites. Déjà j'étois instruit de ce qui se tramoit contre moi en Dauphiné.

Ce ministre m'apprenoit, dans sa lettre, *que le service étoit négligé dans ma nouvelle compagnie; ses bureaux me dirent que de toutes c'étoit la plus mal ordonnée, la plus indisciplinée & la plus mal composée.* L'avis de mon inspecteur, sur tout cela, ne pouvoit me devenir suspect, attendu que la réputation dont il jouissoit, étoit établie, sur son honêteté, ses mœurs & ses lumières. Je lui appris ce qu'on venoit de me dire. Il m'écrivit les et res n°. 12.

Je demandai, dans les bureaux, des contrôles de revue: on me répondit qu'aussi-tôt qu'on en auroit reçu de l'imprimerie royale, on m'en feroit passer. Je les ai attendus en vain pendant six mois.

Je dis au sieur Saint-Paul qu'il feroit nécessaire que je fisse, à mon arrivée en Dauphiné, une tournée dans toutes les brigades de ma compagnie, à l'effet de prendre connoissance du désordre & de l'état d'insubordination dans lequel elles vivoient: il me répondit que l'on avoit moins besoin de tournées de ma part, que de ma correspondance; « qu'il étoit même chargé de la part du ministre, de me dire que je pouvois même me dispenser d'avoir des chevaux; que je n'en percevrois pas moins mes fourrages, & qu'à l'égard de mes frais de bureaux & de correspondance », je pourrois en tenir un état & l'envoyer au ministre tous les six mois, qu'il me feroit payer de son montant, *parce qu'il savoit bien que j'étois incapable de le tromper.* J'ai reconnu, depuis que je suis en Dauphiné, que le sieur Saint-Paul, qui savoit *le rôle que je devois y jouer,* avoit voulu s'amuser à mes dépens.

Ma santé, qui ne me permit de partir que sur la fin du mois de juin, nécessita de moi, que je demandasse à M. de la Tour-du-Pin, de me faire payer, jusqu'à cette époque, de mon traitement de prévôt-général: il me fit, en effet, expédier une ordonnance pour mes appointements seulement, à dater du 10 du mois de mai, tandis qu'il avoit été convenu que je percevrois ce traitement, à dater du jour de la vacance de la place, vu que c'étoit une réintégration prononcée par la loi & par le Roi, & *non une nomination;* ce qui se trouve justifié par l'arrêt du conseil, qui fait valider la commission de Prévôt-général de la Rochelle, qui m'a été délivrée le 1er juillet 1778; & à l'égard de mes fourrages, des 500 liv. pour frais de tournées, & des 500 liv. de logement que je devois également avoir,

*à dater du jour de la vacance de l'emploi*, on me dit dans les bureaux que je percevrois tout cela à la fin de l'année.

Il n'eſt point hors de propos que j'obſerve, en paſſant,
que M. de Fontenay, commiſſaire des guerres à Grenoble, a
écrit à M. de la Tour-du-Pin, pour être autoriſé à me faire
payer de mes fourrages, à dater du 10 mai, car on ne doit
pas ſuppoſer que je ſois venu de Paris en Dauphiné à pied,
& que ſa lettre eſt reſtée ſans réponſe, Il pourroit très - bien
ſe faire que le ſieur Saint-Paul, *qui aime toujours à ſurprendre ſon
monde*, ſe fût réſervé de réunir toutes ces différentes ſommes
en une, & de me l'envoyer pour mes étrennes ; dans ce cas,
j'aurois eu tort, & je lui promets une réparation publique pour
cet objet ; s'il ne le fait pas, j'y pourvoirai.

Il n'eſt point, de même, hors de propos, que j'obſerve, en
paſſant, que j'aurois été habile à demander mon traitement de
prévôt-général, à dater du jour que la loi & le Roi ont décidé que je n'avois été dépouillé de mon emploi que par une
ſurpriſe faite à la juſtice de M. le maréchal de Ségur, & que je
devois y être réintégré ; j'aurois été d'autant plus fondé à
faire cette demande, que le ſieur Heurard, qui n'a point les
mêmes ſujets de ſe plaindre que moi, perçoit ſes appointements,
contre le vœu de l'ordonnance du 8 mars 1789 ; mais c'eſt qu'il
eſt le compatriote & le protégé de M. de la Tour - du - Pin ;
avantage que je n'ai pas.

Le 13 du mois de juin, je pris congé de ce miniſtre : je crus
appercevoir, à l'air embarraſſé avec lequel il me parla, qu'il
n'étoit pas très-aſſuré que j'ignoraſſe les déſagréments qui m'at-
tendoient en Dauphiné. J'appris, à mon arrivée, dans cette
ancienne province, que, ſi la perſonne de Grenoble qui s'étoit
chargée de lui faire parvenir les réclamations concertées contre moi, avoit mis plus de célérité à lui en faire l'envoi, qu'il
m'auroit donné l'ordre de reſter à Paris.

Ma route que je pris par Vienne, me préſerva d'être arrêté & lanterné à la porte par laquelle je devois entrer dans
Grenoble ; ces faits ſe trouvent conſignés dans les pieces que
j'ai adreſſées à M. de la Tour-du-Pin dans le courant du mois
de juillet, pieces qui ſe trouvent maintenant entre les mains
de M. de Charly, à ce que je crois.

Le ſieur Saint-Paul m'avoit prévenu que je ſerois chargé de
faire une information extrajudiciaire, contre le ſieur de Saint-
Romain, touchant ſes délits, tels, par exemple, *que des alté-
rations de ſignature & de chiffres*, & autres *petites bagatelles* de
même nature, au dire de cet officier. A mon arrivée à Vienne,
il vint m'apprendre tout ce qui ſe conjuroit contre moi ; je ne
fus pas un long temps ſans reconnoître *qu'il étoit chargé de jouer
deux rôles dans la piece*, l'un de feindre de m'être dévoué, &
*l'autre de trahir ma confiance*. En homme officieux, il s'offrit au
maire de Vienne, pour aller porter une de ſes lettres au maire
de Grenoble, où il ne ſe rendit point, mais à Moirans. A
ſon retour à Vienne, il me dit qu'il n'y avoit qu'une voix con-

re moi, à Moirans, où fe trouvoient les électeurs ; que *l'on ne vouloit point d'étranger en Dauphiné* ; qu'il n'y avoit point de fureté pour moi dans cette ancienne province , & qu'il me confeilloit de me retirer à Lyon, même dans la nuit. Je reçus au même inftant, la lettre n°. 13. Je dis au fieur de Saint - Romain, d'aller fe coucher auffi tranquillement que moi, & que j'avi-ferois à ce que je devois faire.

Le lendemain de ce jour, cet officier vint voir, *dès les trois heures du matin*, fi je me difpofois à partir ; je l'apperçus dans la rue. Il vint me voir & me témoigner fes inquiétudes. Je lui répondis qu'un brave homme n'avoit jamais rien à crain-dre des méchants, & que la plus belle fin, felon moi, *étoit celle de mourir en faifant fon devoir* ; j'envoyai au maire de Vienne, la réponfe au bas du n°. 13.

J'appris, un inftant après, que le fieur de Saint-Romain, à fon retour de Moirans, étoit allé boire avec les cavaliers, & qu'il leur avoit dit : je viens de lui donner fon paffeport, il faut qu'il parte ; les brigades de ce lieutenant étoient rentrées dans le devoir, par les foins du fieur Rivals.

Mon fang froid & ma fermeté déconcertèrent tous ceux qui étoient dans le complot. Le nommé Broffe, cavalier, & qui étoit d'ordonnance chez moi, jaloux, fans doute, de fe dif-tinguer fur les autres, fut *m'accufer à la municipalité & dans le peuple, d'avoir été dîner à la campagne avec un étranger fufpect, & enfuite, d'avoir été avec lui, lever le plan de la ville de Vienne, pour y faire entrer les ennemis,* par le côté le plus foible. Cet étran-ger étoit le fils de mon hôte, & avec lequel j'avois dîné chez moi. On avoit eu foin de faire précéder mon arrivée en Dau-phiné, d'accufations graves ; j'étois, felon les uns, un efpion de la cour, un favori de la R.... ; felon les autres, un homme envoyé pour favorifer une contre-révolution. La dépofition du cavalier Broffe accrédita ces bruits, qui ne me coagulèrent néanmoins pas le fang dans les veines, quoique j'euffe entendu dire, *à la lanterne, ce B....là.*

J'appris que le fieur de Saint-Romain manœuvroit pour engager la municipalité de me contraindre de quitter la ville. On me rapporta que, pour que je ne puffe faire la revue de la brigade de Vienne, au jour & à l'heure que j'avois fixés ; *que ce lieutenant l'avoit fait requérir par la municipalité pour aller en campagne.* Et en effet, je fus vivement follicité par la municipalité, de m'éloigner de Vienne, feulement pour deux ou trois jours, juf-qu'à ce que les bruits fuffent appaifés ; & cette municipalité m'ayant mandé à l'hôtel-de-ville, pour me témoigner fes alarmes fur mon compte, je lui répondis, en préfence du fieur Saint-Romain, « que je ne fouillerois point trente années de fervice & la croix que je portois, par une lâcheté, que l'on me hacheroit plutôt que de défemparer ; que fi l'on employoit la force, j'y céderois, parce que mon honneur feroit alors à couvert » ; mais que je la prévenois, que je m'arrêterois à la Guillotiere, parce que je ne voulois point fortir de l'enceinte de mon département, que j'apprendrois par-là à mes freres d'armes, que l'on ne fait rien avec la peur. Cette municipalité convint que c'étoit une manœuvre de ma troupe, & non d'autres; elle loua ma fermeté, & me dit d'être tranquille, qu'elle veilleroit à ma sureté : & en effet, M. Pyot, maire, de l'honnêteté & des attentions de qui je n'avois eu qu'à me louer jusqu'alors, en redoubla encore, pour que je ne fusse ni insulté ni troublé dans la tranquillité dont je jouissois : je dois à la vérité de dire, qu'excepté deux ou trois femmes du dernier commun, égarées sans doute par ma troupe, j'ai reçu des honnêtetés de tous les habitants de la ville de Vienne.

Je rendis compte de tous ces faits au ministre, & je lui adressai les preuves originales, à l'appui de toutes les citations que je lui faisois; je reçus pour toutes réponses, à plus de vingt lettres, celle n°. 14. Cette lettre insidieuse ne me fit prendre le change sur rien; « je vis qu'il vouloit envelopper une trâme odieuse, & qui étoit son ouvrage & celui du sieur Saint-Paul, de l'esprit d'insurrection qui avoit gagné toutes les troupes ». Je voulus me mettre en état de prouver à l'assemblée nationale & au roi, qu'ils pouvoient tous les deux lui faire des reproches : au lieu de me rendre à Paris, comme il m'y invitoit, je résolus de prendre le chemin de Grenoble, & dès le lendemain.

Les nommés Meynier, brigadier, & Tour, cavalier, me dirent qu'à la tête de tout cela, *étoient des gens en place de la province*, & que j'étois dans une grande erreur si je croyois « que les sieurs Sevin & Saint-Paul se fussent rapatriés de bonne foi avec moi »; qu'ils ne pouvoient point se dessaisir des papiers, en vertu desquels ils avoient signé comme les autres, parce qu'ils devenoient leur justification, « qu'ils les produiroient, à cette fin, quand il le faudroit » : & pour ne point m'accompagner à Grenoble, à cause de l'esprit de parti qui existoit, ils se firent requérir par la municipalité pour aller en campagne; ce qui m'obligea, pour ne point être insulté *sur la route*, d'aller prendre à Lyon celle de cette ville, à Grenoble.

A mon arrivée dans cette derniere ville, je mis sous les yeux de M. de Vaulx, qui commandoit alors, & sous ceux de MM. du département, les pieces qui pouvoient détruire les calomnies accréditées contre moi. M. de Vaulx me dit qu'il alloit prendre les ordres du ministre contre le sieur Durand & son parti; & MM. du département, qui n'avoient pas jugés à propos *que les sieurs Rivals & Crozat fussent les témoins de notre explication*, me remercierent de ce que j'avois bien voulu leur donner tous ces éclaircissements, & me dirent *qu'ils me reconoissoient pour prévôt-général de l'ancienne province de Dauphiné*, qu'ils s'adresseroient à moi comme ils me prioient de m'adresser à eux.

J'appris peu de jours après, par M. de Montferrat, qui présidoit le département, que ma troupe faisoit imprimer un nouveau mémoire contre moi, c'est-à-dire un libelle diffamatoire. Je savois que ce président, lorsqu'il étoit maire, « avoit envoyé le premier mémoire contre moi au ministre » : il m'avoit donné matiere à lui écrire une lettre, du contenu de laquelle il ne put se plaindre, & j'en envoyai une copie au ministre.

M. de Montferrat m'avoit dit qu'il me procureroit un exemplaire de ce mémoire, afin que je puisse le contredire, & mettre *le département en état de prononcer*. Ce discours m'ouvrit les yeux : je me rendis à l'assemblée de ce département, où je témoignai à M. de Montferrat « ma surprise de ce que l'insubordination de ma troupe trouvoit de l'accès auprès des corps administratifs », après la démarche que j'avois faite auprès d'eux, MM. du département.

On me rapporta que le sieur Durand disoit, à qui vouloit l'entendre, *que c'étoit un combat à mort qu'il me livroit* ; *que s'il y succomboit, il étoit assuré d'avoir une bonne retraite.* J'en conclus que c'étoit un parti pris de la part de M. de la Tour-du-Pin & de ses bureaux ; parce que l'on sait qui accorde les retraites dans la maréchaussée. Voici sur quoi j'établis mes conjectures.

« Le sieur Durand avoit intercepté & éventré toutes mes lettres, pendant mon séjour à Vienne ; il avoit fait circuler dans les brigades des copies de celles que m'écrivoit l'inspecteur, afin de lui préparer le même sort qu'à moi, s'il venoit en Dauphiné ; il avoit de même fait circuler dans ses brigades des copies de celles que lui avoit écrites le ministre, & au bas desquelles copies, le cavalier Morin avoit mis des apostilles incendiaires ; ce lieutenant m'avoit d'abord écrit, qu'il n'avoit aucune part à cette insurrection ; & ensuite il m'avoit écrit dans un sens contraire ; il avoit envoyé, de concert avec le sieur Dumoustier, lieutenant à Gap, un cavalier dans la Haute-Provence, pour y chercher des lettres contre moi ; il avoit réuni à Grenoble les sieurs Dumoustier, Chabrier, Dupuy, Lafont, lieutenants & sous-lieutenants de maréchaussée de ma compagnie, pour & avec le nommé *Gerin*, maréchal des logis, concerter les moyens d'annuller l'autorité *de la loi & du roi*. La preuve de tous ces délits, & de bien d'autres qu'il seroit trop long de détailler ici, je l'envoyai à M. de la Tour-du-Pin, « qui ne daigna pas même m'en accuser la réception » ; & qui, pour mieux marquer ses dispositions à mon égard, continua de correspondre avec *tous ces officiers*, au lieu de le faire avec moi.

M. de Charly se concerta, à son arrivée à Grenoble, avec M. de Vaulx, pour se procurer une protestation de l'ancienne compagnie de maréchaussée de l'île de Corse, pièce qui devoit, disoit M. de Vaulx, *détruire ou valider les réclamations de ces cavaliers* ; il fut convenu devant moi que M. de Charly feroit ses diligences pour se la procurer.

M. de la Tour-du-Pin avoit signé les ordres pour que je fisse une information extrajudiciaire contre le sieur de Saint-Romain ; il a signé un même ordre à M. de Charly, pour qu'il fît cette information à ma place ; mais, comme, depuis mon départ de Vienne, ce lieutenant est venu à bout de faire prendre à ses brigades le parti de l'insurrection, toutes poursuites à son sujet ont été suspendues ; & j'ai même des raisons pour croire qu'il sera récompensé d'avoir opéré cette réunion, & que l'on fera la sourde oreille aux plaintes de plusieurs communautés qui accusent cet officier de délit, que, pour l'honneur du corps, je tairai ici.

Ce lieutenant, oubliant qu'il avoit raconté au sieur Crozat, en ma présence, l'accueil que j'avois reçu de la municipalité de Vienne, nia ce fait à M. de Charly, & eut la gentillesse de lui dire, devant moi, que, s'il m'avoit reconnu à Vienne, en ma qualité de prévôt-général, il ne le faisoit plus ; que, si je me faisois reconnoître, *je n'existerois pas quinze jours*. Il m'étoit convenu à Vienne *qu'il avoit servi de faux témoin au sieur Desangles, pour faire sacrifier un brave homme*, M. de Fayol, lieutenant de maréchaussée à Cahors ; il m'étoit convenu que cela lui avoit mérité, de la part du sieur Sevin, d'être rétabli dans sa place d'exempt, dont il avoit été destitué. Il m'avoit dit à Vienne, que l'insurrection de ma troupe *le servoit à souhait*, en ce que la compagnie, attestant faux contre moi, il pourroit prétexter de ce faux, pour faire juger comme tel les répétitions qu'on lui faisoit de toutes parts. De pareilles actions & une pareille façon de penser dans un officier, méritoient-elles que je fisse même attention à ce que disoit le sieur de Saint - Romain, & d'autant que M. de Charly le connoissoit encore mieux que moi.

Les sieurs Rivals & Crozat m'ont demandé, pour le bien du service, de leur obtenir des lettres de passe, pour changer réciproquement leur résidence. Comme ils ne font point du parti de l'insurrection, on a voulu leur faire sentir leur tort, en accordant de ces lettres à des cavaliers qui en étoient. Un de ces officiers est dans le cas de la croix de Saint-Louis ; il attend la réponse à la demande qu'en a faite M. de Charly. En un mot, depuis que cet inspecteur est à Grenoble, son autorité est aussi paralysée que la mienne, & il ne reçoit pas plus de réponse que moi, touchant ma compagnie.

Quand j'ai su que la prétendue protestation des cavaliers de l'ancienne compagnie de l'île de Corse étoit arrivée, jaloux, comme je dois l'être de l'estime & de la confiance de tous les gens de bien, j'ai prié M. Duchilleau, qui commande dans l'ancienne province de Dauphiné, de vouloir bien avoir la bonté de se mettre en état d'avoir & de donner de moi l'opinion qui m'est dûe, en demandant à M. de Charly, de lui montrer les papiers que j'avois fait saisir entre ses mains, & qu'alors & devant cet inspecteur, je lui montrerois ceux dont j'étois nanti.

M. de la Tour-du-Pin & les sieurs Saint-Paul & Sevin étoient, sans doute, bien persuadés que j'avois brûlé tous ceux qui pourroient me mettre à couvert de leurs artifices & de leurs manœuvres ; c'est du moins ce que semble annoncer le sieur Pontenay, ancien greffier de maréchaussée de l'île de Corse, quand il dit à M. Duverier, lieutenant de maréchaussée à Aix, *qu'il n'a conservé, de tous les papiers qu'il avoit en dépôt, que la protestation qu'il envoyoit*, avec un certificat de lui ; certificat qui, placé à côté des lettres qu'il m'a écrites, & des expéditions qu'il m'a données dans le secret, des pieces que M. de Malbœuf a fait enlever à son greffe, lettres & expéditions qui ont été mises sous les yeux du tribunal & du comité contentieux du conseil du Roi,

le

le feront envisager comme un homme vendu à l'iniquité. Le sieur Bàviere, sous-lieutenant de la compagnie de Provence, chargé par le sieur Saint-Paul de diriger cette accusation, dit, dans sa lettre à M. Duverrier, que ce greffier étoit de mes amis, & que vraisemblablement il n'aura rien à produire contre moi.

Quand M. de Charly eut lu, à M. Duchilleau, le contenu de la protestation qu'il avoit reçue du sieur Ponteney, par M. Duverrier, elle m'apprit le motif pour lequel M. de la Tour-du-Pin avoit gardé le silence sur la demande que j'ai faite, & que je fais encore, d'un conseil de guerre. Tant il est vrai qu'en fait d'iniquités, elles ne sont jamais si bien concertées, que la vérité ne vienne les éclairer! Comme elle ne fait aucune mention d'une déclaration du 25 août 1784, n° I, faite à ce même greffe, déclaration qui donnoit toute l'authenticité possible à la déclaration du 9 de ce même mois, également rédigée par le même greffier; que ces deux pieces unies ne pouvoient autoriser ni donner de validité à une protestation contre la déclaration du 9, sans que ceux qui ont signé celle du 25, n'encourussent la sévérité des lois; ce qu'ils ont fait sans réflexion sans doute.

J'ai à l'instant montré cette déclaration du 25 à M. Duchilleau & à M. de Charly, qui ont eu d'abord beaucoup de peines d'en croire à leurs yeux; mais qui, quand ils ont eu confronté le papier timbré, l'écriture & la signature de cette piece, avec le papier timbré, l'écriture & la signature de celle de la protestation envoyée par le sieur Ponteney, n'ont pu s'empêcher de dire, qu'il y avoit des hommes bien détestables.

J'ai d'ailleurs observé à cet officier général, & à cet inspecteur de maréchaussée, que si les réclamations que faisoient les cavaliers de l'ancienne compagnie de maréchaussée de l'île de Corse, pouvoient être fondées, ils m'auroient fait leurs répétitions, quand j'ai quitté l'île de Corse, chargé des iniquités de M. de Marbœuf; quand les plaintes que je portai contre ce commandant, étoient pendantes au tribunal; ou bien, quand je n'étois plus qu'un prévôt-général *in partibus*; mais que, comme l'activité de l'injustice avoit épuisé tous ses moyens pour empêcher que je ne fusse réintégré dans mon emploi, elle avoit hasardé d'employer d'abord la peur de la lanterne, comme si un militaire devoit la craindre! & puis la diffamation; comme si elle pouvoit atteindre un brave & loyal homme! & ensuite la supposition; comme si la vérité pouvoit se partager en deux!

M. de la Tour-du-Pin & les sieurs Saint-Paul & Sevin n'ont pu trouver, pour exécuter les projets tyranniques & vexatoires qu'ils ont concertés contre moi, que des hommes *qui n'avoient plus rien à perdre*; & *qui ayant encouru, de plus d'une maniere, la sévérité des lois, ont espéré de trouver leur grâce, en se dévouant à des hommes habitués à faire fléchir ces lois devant leurs passions & devant leurs intérêts.*

E

# RÉCAPITULATION

## Des Faits & des Preuves.

LA preuve que l'information extrajudiciaire, ordonnée par M. de la Tour-du-Pin, avoit pour seul objet de tâcher de m'immoler à son ressentiment & à celui des sieurs Sevin & Saint-Paul, à défaut d'avoir pu me ranger au nombre des victimes des égaremens du peuple, c'est que le commissaire a reçu, par voie indirecte, une liste des personnes à faire entendre contre moi. Deux de ces personnes ont été chassées de la maréchaussée; deux ont été destituées ; une autre a obtenu, & par grâce, une pension ; enfin, deux de ces témoins sont aux Invalides, sous les ailes du sieur Saint-Paul.

La preuve que les réclamations des cavaliers de Corse sont une méchanceté, & servent de prétexte pour me vexer, se trouve dans le n° 1.

La preuve que M. de la Tour-du-Pin, & les sieurs Saint-Paul & Sevin, ne veulent point que je sois employé en Dauphiné, même ailleurs, se trouve dans les n°s 2 & 12.

La preuve que les premiers commis abusent de la confiance des ministres, & de l'impossibilité où ils sont d'examiner tout ce qu'on leur présente à signer, se trouve dans le désaveu de la loi & du roi, touchant les décisions signées Segur, Brienne, Puissegur, n°s 9, 10, 11, 14. Ces décisions, je les produirai au conseil de guerre.

La preuve que j'étois fondé dans les réclamations de la croix, de mon remplacement & des retenues arbitraires qui m'avoient été faites, se trouve dans la place que j'occupe en Daupiné & dans les n°s 9, 10, 11, 14.

La preuve que j'ai conservé mon activité de service & mon rang d'ancienneté dans la colonne des prévôts généraux, se trouve dans la croix que je porte, & qui m'a été donnée en cette qualité; dans l'arrêt du conseil, qui fait valider la commission de prévôt général du pays d'Aunis, que j'ai obtenue le 1er juillet 1778. Vide les n°s 10, la lettre à M. le maréchal de Contades, 11 & 14.

La preuve que M. de la Tour-du-Pin a d'abord eu l'intention de me faire rendre justice, & que j'ai bien profité du seul instant que les sieurs Sevin & Saint-Paul, &c. l'ont laissé dans cette eureuse disposition à mon égard, c'est que j'existe triomphant de toutes les manœuvres qui ont été la fuite de cet inftant de faveur.

La preuve que ce miniftre a fenti le befoin qu'il avoit plutôt de ces premiers commis, que de moi; la néceffité pour lui de refpecter leurs fentences, & de fuivre, en cela, la trace de fes prédéceffeurs, fe trouve dans les n<sup>os</sup> 3, 7 & 9.

La preuve qu'il s'eft d'abord refufé de recevoir mes pieces, qu'il ne vouloit pas que je puffe mettre à découvert l'iniquité de fes bureaux, qu'il leur avoit donné un rapporteur à leur dévotion, & qu'il a fait fouiller par-tout pour tâcher de trouver de quoi faire valider les décifions furprifes à la juftice de fes prédéceffeurs, fe trouve, n° 4, & dans la réponfe de M. d'Ormeffon, au bas de ce n°.

La preuve qu'il n'a point voulu faire au comité l'envoi de la feconde requête que je lui avois remife, fe trouve dans la remife qu'il a ordonné qu'on m'en fît, n° 5.

La preuve qu'il a abufé de fon autorité & de la gêne où fes bureaux m'avoient réduit pour me faire renoncer à plus des fept huitiemes de ma créance, même à mon remplacement, *vide* les n<sup>os</sup> 7 & 9, *à toute autre efpece de réclamation*, fe trouve encore dans les n<sup>os</sup> 6, 7, 9 & 10; *vide les foulignements* de ces deux derniers numéros, & la contradiction qui fe trouve entre le n° 9 & la lettre à M. le maréchal de Contade. Quand M. de la Tour-du-Pin & le fieur Saint-Paul virent que je m'étois apperçu de cette fupercherie, ils ajouterent au mot renonciation, *pécuniaire*; *vide* le n° 10.

La preuve que j'ai reçu le n° 9, exifte dans la piece dont il fait mention, & qui eft en mon pouvoir; piece que bien des gens ont vue, à Paris & à Grenoble, ainfi que fon original.

La preuve que, mal-à-propos, M. de la Tour-du-Pin a parlé au nom du roi dans fa lettre n° 7, & qu'il avoit bien l'intention de m'abufer, fe trouve dans le n° 10.

La preuve que la date du n° 10 eft fauffe, fe trouve dans celle des n<sup>os</sup> 6 & 9; preuve qui fe trouve atteftée encore par la lettre à M. le maréchal de Contade, reçue à plus d'un mois de fa date, & par le n° 7 qui n'en fait aucune mention: cette infidélité n'a eu lieu que pour tâcher de mafquer le procédé du 17 novembre.

La preuve que M. de la Tour-du-Pin ne vouloit point, par égard pour les fieurs Sevin & Saint-Paul, que je puffe être réintégré dans mon emploi, nonobftant le vœu de la loi & du roi, & nonobftant les promeffes verbales & par écrit qu'il m'avoit données, touchant cette réintégration, fe trouve dans les refus qu'il m'avoit faits de me donner la place que j'occupe, & dans la lettre qu'il avoit écrite au tribunal, pour la faire donner au fieur Heurard.

La preuve que j'ai mis des conditions à une renonciation, & que M. de la Tour-du-Pin avoit voulu en faire comme du vœu de la loi & du roi; c'est-à-dire, les fouler toutes à ses pieds, elle se trouve dans l'échange du n° 9 avec le n° 10; *vide* l'art. 4 de ce n° & le n° 11.

La preuve que M. de la Tour-du-Pin & le sieur Saint-Paul ont eu tort de vouloir disposer de ma place en faveur du sieur Heurard, d'écrire en sa faveur au tribunal, de me dire qu'elle lui revenoit de droit, & de vouloir que je perdisse mon ancienneté dans la colonne des prévôts, se trouve dans l... 11.

La preuve qu'ils se plaignoient de ma compagnie avant que je ne l'eusse, & qu'elle n'est composée que de mauvais sujets, insubordonnés, déshonorés, se trouve dans les n°s 11 & 12.

La preuve que ce ministre, & les sieurs Saint-Paul & Sevin, sont les auteurs, fauteurs, participants & complices de l'insurrection de ma compagnie, se trouve dans les cinquante-cinq jours qu'ils ont mis à se décider, nonobstant ce qu'ils avoient écrit au tribunal, qu'il étoit instant de remplacer M. de la Rochette, & dans le silence qu'ils m'ont gardé, ainsi qu'aux commandants de la province & à M. de Charly, touchant cette insurrection.

La preuve qu'il falloit que je vinsse à Grenoble, pour reconnoître que le n° 14 étoit captieux, insidieux, & que M. de la Tour-du-Pin & les sieurs Saint-Paul & Sevin me tendoient des pieges de toute part, se trouve dans le silence qu'ils m'ont gardé depuis que je suis dans cette ville, ainsi qu'à MM. de Vaulx, Duchilleau & de Charly, qui ont vu aussi clairement que moi & que tout le monde, que l'insurrection de ma compagnie étoit une manœuvre de bureau. M. de la Tour-du-Pin m'invite de revenir à Paris: il me dit de me concerter avec les officiers de ma compagnie, à qui il avoit donné le temps, depuis le 23 mars jusqu'au 15 mai, de se concerter avec le sieur Bariere, officier, avec lesquels il correspondoit. Il me prévient que je ne pourrai plus rester en Dauphiné. Qu'est-ce que tout cela signifie?

La preuve que l'insurrection de ma compagnie étoit encore concertée avec d'autres personnes, se trouve dans l'envoi fait aux corps administratifs du n° 14, & des instructions de M. de Charly, afin qu'ils connussent les dispositions du ministre, & de ses bureaux, à mon égard.

La preuve que M. de la Tour-du-Pin, & les sieurs Saint-Paul & Sevin, avoient formé le projet de se venger des vérités que j'ai dites dans mon mémoire historique & patriotique; qu'ils ont voulu, en me déshonorant, achever de me ruiner; qu'ils ne m'ont soutiré une rénonciation à ma créance qu'à dessein; & que ce sont eux qui ont mitonné l'insurrection de ma compagnie, se trouve dans le fond & dans la forme de la commiſſion donnée à M. de Charly, dans l'eſprit de ſes inſtructions, contraires au décret de l'aſſemblée nationale du 6 du mois d'août, dans la réſerve de prononcer arbitrairement ſur le ſort des ſéditieux, & dans le ſilence que l'on a gardé à ce commiſſaire, dès l'inſtant qu'on a vu que l'on avoit eu tort de croire qu'il fût capable de conduire une intrigue, & d'endoſſer la cuiraſſe de l'iniquité.

La preuve que l'on avoit formé le projet de me faire lanterner, ainſi que M. de Charly, ſe trouve dans des papiers que j'ai fait ſaiſir entre les mains de cet inſpecteur. Je ne parlerai point des manœuvres du ſieur Durand, & des menaces qu'il a fait inſérer, contre M. de Charly & contre moi, dans les journaux, parce que ce ſeroit me dégrader que de deſcendre dans l'arène avec cet homme-là. Dans les papiers ſaiſis, il s'y trouvera de quoi lui faire rendre, par le public, la juſtice qui lui eſt due.

La preuve que M. de la Tour-du-Pin, & les ſieurs Saint-Paul & Sevin ont ſacrifié le bien général à leurs paſſions, & à leurs intérêts, ſe trouve dans le ſilence qu'ils ont gardé ſur les inſtances des commandants de la province & de M. de Charly, ſur la néceſſité de mettre une fin aux déſordres de ma troupe qui durent depuis ſix mois.

La preuve la plus évidente, la plus frappante, la plus concluante, la plus apparente & la plus démonſtrative, que l'inſurrection de ma troupe, eſt l'ouvrage de M. de la Tour-du-Pin & des ſieurs Sevin & Saint-Paul, & qu'ils ont voulu me perdre à tout prix, c'eſt qu'ils n'ont point voulu m'accorder un conſeil de guerre, parce qu'ils ont vu, avec beaucoup de juſteſſe d'eſprit & de diſcernement, que des hommes qui avoient encouru des peines afflictives, confeſſeroient tout, & produiroient tout, plutôt que de ſe mettre dans le cas de les ſubir.

Je n'ai point vu toutes les pieces qui ſont ſaiſies entre les mains de M. de Charly; & puis, ſi j'ajoutois à tout ce que je viens d'expoſer, ce ſeroit abuſer de la permiſſion que les nouvelles lois donnent à tous citoyens de repouſſer l'oppreſſion, & me priver, de moi-même, de la demande que j'ai faite d'un conſeil de guerre, puiſque je n'aurois plus rien à y dire.

Le ſieur Sevin occupoit une des places de *viſir* du département de la guerre, lorſqu'en 1778, la majeſté royale & MM. les maréchaux de France me firent nommer à la prévôté de la Rochelle, il dit, à qui voulut l'entendre, que, ſi la majeſté royale m'avoit fait prévôt-général, que lui *viſir* me déferoit; il y parvint en effet, non pas à ma honte, mais à celle du miniſtre, qui ſanctionna cet acte d'iniquité, pour mettre le comble à toutes celles que ce *viſir* m'avoit fait ſupporter.

Le ſieur Saint-Paul, qui a ſuccédé au ſieur Sevin, dans ſa place de *viſir* dans la maréchauſſée, a voulu le ſurpaſſer en mérite. *Nota*. Les ſieurs Sevin & Saint-Paul ont été comblés des bienfaits de la famille royale; quand le premier a été renvoyé, on lui a donné 25,000 liv. de gratification, 15,000 liv. de pension, & M. de Brienne, touché de ses pleurs pour avoir la croix, la lui a donnée.

La loi est venue s'unir au chef suprême de la nation & de ses armées, pour me remettre en possession d'un bienfait du trône; ce *visir*, ami de cœur & d'esprit de son devancier, entreprend, depuis plus d'un an, de rendre nul & de nul effet l'autorité de la loi & du roi, afin, sans doute, d'apprendre à la nation, sous les yeux de ses représentants, que celle de ses *visirs* leur étoit supérieure, & devoit continuer d'être reconnue & respectée comme du passé. Mais, par les précautions que j'ai prises les 31 août, & 7 septembre derniers, j'ai mis la loi & le roi dans le cas de pouvoir réprimer cette audace, & de reconnoître, enfin, que ces *despotes* sont les seuls auteurs de tous les maux dont la France est assaillie, & cependant, les seuls hommes en place que l'on semble respecter; si grande est la crainte qu'ils ont su donner d'eux à toutes les classes de la société!

C'est maintenant à vous, braves militaires, qui avez partagé avec moi les injustices & les outrages de tous ces tyrans, toujours sourds à ma voix, d'élever la vôtre, à l'effet que le conseil de guerre, que votre frere d'armes a demandé, lui soit accordé, pour qu'il puisse faire ressortir, dans le plus grand jour, l'artifice, la perfidie, la cupidité, les infidélités, les concussions, les extorsions, l'intrigue, les manœuvres, la mauvaise foi, l'astuce, les détours & la bassesse *de tous ces fléaux de votre chere patrie.*

# PIECES JUSTIFICATIVES.

## N°. I.

L'An mil sept cent quatre-vingt quatre, & le neuf du mois d'août, ont comparu au greffe de la Prévôté de l'île de Corse, les brigadiers & cavaliers de maréchaussée soussignés, lesquels, pour fléchir M. Gauthier d'Autheville, Prévôt-Général de ladite île, & l'engager à leur conserver leur état, ont déclaré à nous greffier dudit siège, vouloir constater, par un acte à notre greffe, qu'ils iroient, tous en corps déclarer à M. le comte de Marbeuf, commandant en chef, que mal-à-propos, & méchamment, ils se sont plaints de mondit sieur le prévôt, & ont dit qu'il avoit détourné à son profit l'argent qui leur revenoit des fourrages, puifqu'il appert, par le relevé des recettes & dépenfes figné d'eux tous, que pour avoir fait leur décompte pendant dix-fept mois, il y a mis du fien ; qu'ils lui diroient également toutes les lamen- tations qu'ils ont faites contre lui, & entr'autres celle de lui avoir imputé la déduction de vingt fous, par jour, fur leurs courfes, que leur a faite M. l'intendant, puifqu'il eft vrai que M. le pré- vôt s'eft, au contraire, employé auprès de ce magistrat, ainfi qu'auprès de M. le procureur-général, & auprès du directeur des domaines, pour tâcher de leur faire un fort plus heureux ; qu'ils conviendroient devant M. le comte de Marbeuf, de leur infu- bordination, de leur inconduite, de leurs démêlés entr'eux ; & même que plufieurs d'eux avoient, antérieurement à tout ceci, mérité de perdre leurs places, que M. le prévôt, par bonté d'ame, leur avoit confervées, dans l'efpoir qu'ils fe conduiroient mieux : qu'après cet expofé, fait à ce général, ils le prieroient de faire agréer leur repentir & leurs excufes à M. le prévôt, & de l'en- gager à leur faire grâce encore pour cette fois, fe foumettant à fubir toutes les punitions qu'il voudra leur infliger, pourvu qu'il ne rende pas compte de leur mauvaife conduite au miniftre.

Fait & paffé au greffe de la maréchauffée de l'île de Corfe ; les jour, mois & an fufdits ; & ont figné : *Demoulins*, brigad. ; *Richelet, Rufié, Moreaux, Teftat, Barnovin, Potonie, Feuillet, Pehuot, Joly*, & *Ponteney*, Greffier.

Collationné conforme à l'original ; dépofé au greffe de la ma- réchauffée, par nous, greffier fufdit. A Baftia, le dix-huit fep- tembre mil fept cent quatre-vingt-quatre.

PONTENEY.

***

J'AVOIS demandé que l'infpecteur de ma troupe vînt faire fon infpection : ma pofition demandoit que je ne m'en tinffe pas à de fimples paroles ; j'avois devant les yeux le malheureux Aba- touchi, facrifié au reffentiment.

***

L'AN mil fept cent quatre-vingt quatre, & le vingt-cinq août, ont comparu au greffe de la maréchauffée de l'île de Corfe, les nommés Joly & Rufié, cavaliers de ladite maréchauffée ; lef- quels ont déclaré à nous greffier dudit fiége, qu'ils fe rappellent que, dans le compte général qui a été arrêté entre la troupe & M. le prévôt, il y a eu une erreur à fon préjudice ; favoir, ledit Joly, pour une fomme de quatre-vingt quatre livres, qu'il reconnoît avoir reçue de mondit fieur le prévôt, & provenant du prêt qu'il lui avoit fait en l'année mil fept cent quatre vingt-deux, pour l'achat de fon cheval ; & le nommé Rufié, pour la fomme de trente fous feulement, qu'il a reçue, de plus qu'il n'eft porté dans le régiftre des comptes de la maréchauffée.

Fait à Baftia, au greffe de ladite maréchauffée, les jour, mois & an fufdits ; & ont figné : *Joly*, *Rufié* & *Ponteney*.

Collationné conforme à l'original, par nous greffier fufdit. A Baftia, le vingt-huit feptembre mil fept cent quatre-vingt quatre.

PONTENEY.

## Nº. II.

*EXTRAIT* d'une *Lettre de M. LA TOUR-DU-PIN, à M. de Charly, Infpecteur-général, commandant la fixieme Divifion du Corps de la Maréchauffée.*

A Paris, le        août 1790.

*Il eft à remarquer que cette Lettre n'eft point datée.*

JE defire bien, Monfieur, que vous ne vous écartiez, dans aucune circonftance, des difpofitions que ma lettre, du 12 de ce mois, renferme, fur la marche de votre conduite, dans l'information que vous allez faire ; que tous les ordres relatifs au fervice émanent de vous, pendant tout le cours de vos travaux.

*Signé*, LA TOUR-DU-PIN.

Pour copie conforme à l'original, refté entre nos mains, à Grenoble, le 31 août 1790. LAURENS CHARLY.

Nº. III.

## N°. III.

Verſailles, le 18 août 1790.

J'AI lu, Monſieur, le mémoire que vous m'avez adreſſé, avec toute l'attention que vous pouviez deſirer, & je me ſuis fait remettre les pièces qui vous concernent, & qui étoient au ſecrétariat du département de la guerre.

Pour vous prouver combien je ſuis éloigné de toute eſpèce de prévention, je donnérai l'examen de votre affaire, au rapporteur qui doit être inceſſamment chargé de toutes les affaires ſuſceptibles d'être portées au conſeil du Roi.

Je dois croire que ce moyen ne vous laiſſera aucun doute ſur la manière dont tout ce qui vous regarde ſera examiné; & vous ſerez informé de la déciſion du conſeil.

Je ſuis, &c.

LA TOUR-DU-PIN.

M. Gauthier-d'Auteville, ci-devant prévôt-général de la maréchauſſée.

## N°. IV.

Verſailles, le 19 ſeptembre 1789.

LE comité ayant été d'avis, Monſieur, que les pièces produites dans l'affaire du ſieur Gauthier-d'Auteville, ne contenant aucune concluſion, il étoit néceſſaire qu'il préſentât une requête ou mémoire appuyé de pièces juſtificatives, il m'a remis ſon mémoire & ſes pièces que j'ai l'honneur de vous adreſſer; j'y joins le doſſier qui a déjà été ſoumis à l'examen du comité, auquel j'ai fait ajouter une nouvelle liaſſe de lettres, dont j'avois ordonné la recherche; ce qui pourra, avec les pièces juſtificatives, que produit le ſieur Gauthier, éclairer le comité d'une manière plus détaillée & plus poſitive qu'il n'a pû l'être par les pièces déjà préſentées.

J'ai l'honneur d'être, avec un très-parfait attachement, Monſieur, votre très-humble & très-obéiſſant ſerviteur,

LA TOUR DU PIN.

JE joins également à cette lettre une affaire que je vous prie de ſoumettre à l'examen du comité. Vous verrez, Monſieur, par une lettre jointe de M. le maréchal de Beauveau, que cette affaire eſt de nature à n'être pas rapportée par M. de Fumeron.

M. d'Ormeſſon, préſident du comité contentieux du conſeil.

F

## RÉPONSE de M. d'ORMESSON.

Paris, le 21 feptembre 1789.

J'AI reçu hier, Monfieur, avec la lettre dont vous m'aviez honoré, avant hier, les nouveau mémoire & pieces du fieur Gauthier-d'Auteville, que vous aviez fait joindre à fon ancien doffier, felon le vœu du comité, du 5 de ce mois, & l'affaire nouvelle du fieur de Beauregard, ci-devant lieutenant-colonel du deuxieme régiment des Chaffeurs, que vous avez auffi jugée fufceptible, d'après la lettre y jointe de M. le maréchal de Beauveau, d'être remife entre les mains d'un rapporteur autre que M. de Fumeror.

J'ai eu l'honneur de remettre, en conféquence, hier, cette deuxieme affaire à M. de Malartic, qui avoit déjà fait au comité un rapport de celle du fieur Gauthier d'Auteville.

J'efpere que l'une & l'autre pourront être vues à la rentrée du comité de mardi, 6 octobre; & nous ferons toujours également empreffés d'avoir l'honneur de vous foumettre notre vœu fur les affaires que vous nous ferez celui de nous envoyer.

J'ai l'honneur, &c.

---

# No. V.

# A NOSSEIGNEURS

# DU

# COMITÉ CONTENTIEUX.

## NOSSEIGNEURS,

JE connois affez les lois; je tiens trop aux principes de l'honneur & de la délicateffe; & je fuis trop jaloux de l'eftime publique pour former aucune demande qui pourroit être un tant foit peu équivoque. Je dois rendre hommage à votre équité & à votre juftice : fi vous n'avez point admis tous les articles de mes réclamations; c'eft fans doute parce que je n'ai point produit de preuves complettes à leur appui. Mais le miniftre peut faire vérifier tout ce que j'ai l'honneur de vous expofer, fur les regiftres de la comptabilité, de fes bureaux, du tréforier de la guerre, & fur les états de revue ; tout doit s'y trouver infcrit, à moins que je n'aie fervi de moilon au fieur Sevin, pour bâtir fon hôtel à Verfailles, ou bien fa maifon de campagne. Rien ne prouve mieux que je n'ai point attendu aujourd'hui pour faire ces réclamations, que les demandes que j'ai faites de ces objets, pendant que ce premier commis étoit encore en place ; il n'a pas dû me nantir des preuves de fes prévarications & de fes exactions ; mais les pieces jointes en deviennent une trace qui conduira à les mettre en évidence, ainfi que fon aftuce & fes détours.

Il eft à la connoiffance des tréforiers & de ceux qui ont été fous mes ordres, 1°. que j'ai figné à la Rochelle les états de l'habillement de ma compagnie, en vertu d'un ordre que m'envoya le fieur Sevin, & que je n'ai point reçu les 1000 liv. qui devoient me revenir, & à la veuve de mon prédéceffeur ; 2°. que ce premier commis m'a fait paffer en Corfe, parce qu'il avoit promis de placer en France le fieur Riols, dont il avoit reçu une fomme de 30,000 liv. ; 3°. qu'il a préparé ma punition du refus que je fis d'abord de paffer en Corfe, en faifant demander à M. Necker d'affimiler la prévôté de Corfe à celle de France, & que mon affeffeur, pourvu de fa place, après mon arrivée dans cette île, n'a point été foumis à cette regle générale ; 4°. que le Sr Riols, qui étoit informé de tout ce manege, avoit été en attendre le dénouement dans fa province, & qu'il y reçut 2000 liv. pour l'indemnifer des frais de fon déplacement ; 5°. que le fieur Sevin, pour me mettre dans l'impuiffance de réclamer contre fes oppreffions, parce qu'il favoit qu'il m'avoit ruiné, me fit encore retenir toute efpece de traitement, à dater du premier janvier 1785, avant même que j'euffe pu apprendre qu'il m'avoit fait donner ma retraite ; ce qui fe trouve juftifié par une lettre du miniftre, relativement à l'habillement de ma compagnie.

L'ordonnance ne dit point que l'on ne fera payé de fes tournées, qu'autant que l'infpecteur fera les fiennes.

Les lettres du principal miniftre juftifient que je ne fuis venu à Verfailles que par fes ordres ; que conféquemment je fuis fondé à réclamer mes débourfés pour cet objet.

Si le fieur Sevin prétend que les 800 liv. que j'ai reçues pour mon paffage en Corfe, n'étoient qu'une avance, pourquoi le fieur Riols n'a-t-il pas rembourfé les 2000 liv. qu'il a reçues auffi en avances ?

La fomme de 2664 liv. 18 fous 11 den. que le fieur Sevin m'a fait retenir, eft une vexation fans exemple, & qui laiffe voir fon acharnement à m'opprimer.

Les 390 liv. que j'avois touchées à Lyon, à compte de mes appointements, déjà échus avant mon départ de la Corfe, laiffent bien voir, par l'ordre qui m'a été donné de les rembourfer, que je fuis plus qu'excufable d'avoir dévoilé la conduite de ce premier commis, a qui, enfin, l'on a rendu la juftice qu'il méritoit.

De la même manière qu'il m'a refusé le premier article de mon mémoire historique, pag. 42 ; il ma refusé les autres.

Déjà, j'avois demandé dans mes mémoires au tribunal, que tous ces faits fussent vérifiés par le témoignage des personnes qui en ont eu connoissance.

Après avoir servi le roi à travers les chagrins & les peines, & sans que, malgré cela, on puisse me faire un reproche, seroit-il équitable, même honorable pour l'administration, qu'après cinq ans d'une réclamation coûteuse, & qui jusqu'à l'arrivée de M. de la Tour-du-Pin au ministère, ne m'ont valu que des rebufades, je restasse privé du salaire de mes services ? Quant à mon patrimoine, je l'ai employé à supporter tant d'iniquités, que je suis fondé à demander des dommages & intérêts. Vous êtes trop justes, NOSSEIGNEURS, pour que cela soit : & quand vous aurez eu la bonté de demander au ministre de faire vérifier tous ces faits, j'attends de votre intégrité tout ce qu'un brave homme doit en attendre.

Pour vous prouver, & au ministre, que je n'ai point une ame vénale, & que je sais me prêter aux circonstances, je renoncerai de grand cœur à tous ces remboursements, au moyen qu'il m'obtiendra, des grâces du roi, une place supérieure à celle dans laquelle il est plus que juste que je sois réintégré, & qu'il ajoutera à la commission de cette place, deux cents louis, pour que je puisse arranger mes affaires. Ma demande ne tient point de l'indiscrétion, parce que dans les circonstances où l'on se trouve, je suis en état de servir le roi avec utilité.

Ce considéré, NOSSEIGNEURS, il vous plaise prendre sur mon affaire de plus amples éclaircissements, afin de mettre le ministre à même de cicatriser les plaies que l'on m'a faites. Et vous ferez justice.

GAUTHIER D'AUTEVILLE.

# N°. VI.

Je reconnois avoir reçu une ordonnance de mille livres, à-compte des trois mille livres portées dans la lettre du ministre, du 14 novembre 1789, qui me prescrit de renoncer au surplus ; à quoi je me conforme. A Paris, ce 14 novembre 1789.

Signé, GAUTHIER.

# Nº. VII.

Versailles, le 14 novembre 1789.

> Il est à observer qu'elle a été écrite à Paris,
> puisque c'est à l'hôtel de Marigny qu'elle
> me fut remise, & *où restoit alors le ministre.*

J'ai dû être infiniment étonné, Monsieur, que vous ayant fait dire, par mon secrétaire, que je vous attendois dans mon cabinet, vous n'ayez pas insisté pour y entrer, lorsque mes gens vous ont dit que j'étois en affaire; vous auriez dû alors retourner près de M. Arcambale, pour lui faire part de l'obstacle prétendu que vous annoncez avoir trouvé pour entrer chez moi, & il vous y auroit introduit lui-même. Je suis encore plus surpris que, vous ayant fait dire qu'il convenoit que vous changeassiez les termes de la renonciation que le roi a ordonné que vous fissiez *à toutes réclamations*, renonciation sur laquelle vous ne m'avez fait aucune objection, vous vous soyez permis d'emporter une ordonnance de 1000 liv., que je n'avois ordre du roi de vous remettre qu'après avoir reçu de vous cette renonciation, conçue dans des termes convenables. Je veux bien, Monsieur, n'expliquer une démarche aussi étrange, que par le prétexte de santé que vous y donnez. Si, demain matin, vous n'êtes pas chez moi à 11 heures, pour satisfaire aux ordres de sa majesté, j'irai, sur-le-champ, lui rendre compte d'un procédé auquel je devois peu m'attendre, d'après les marques de justice & de bonté que vous recevez du roi dans cette circonstance, & d'après l'intérêt que j'ai mis à ce qui vous concerne.

J'ai l'honneur d'être très-parfaitement, Monsieur, votre très-humble & très-obéissant serviteur. La Tour-du-Pin.

Quel intérêt de faire dire au roi le contraire de ce qu'il pense, d'annuller l'autorité de la loi, parce qu'elle m'a été favorable; de vouloir m'extorquer une renonciation à ma créance & à mon remplacement! Gauthier.

---

# Nº. VIII.

Je, soussigné, déclare, sur mon honneur, de renoncer, de bien bon cœur, au payement d'une somme de 18,000 liv. qui m'est dûe, pour des retenues arbitraires & illégales, qui m'ont été faites sur mes appointements, dans la confiance où je suis que je ferai rétabli dans mon emploi de prévôt général, lors de la première vacance d'une de ces places, conformément à l'avis du comité contentieux du conseil, & que l'on me délivrera 6633.

A Paris, ce 14 novembre 1789.

*Signé*, GAUTHIER.

---

## N°. I X.

COPIE *de la lettre de M. le comte de la* TOUR-DU-PIN-PAULIN, *ministre & secrétaire d'état de la guerre, écrite à M.* GAUTHIER-D'AUTEVILLE, *le 14 novembre 1789. Lettre que ce ministre l'a prié de lui remettre, ainsi que la décision du comité, qui étoit inexacte.*

Paris, ce 14 novembre 1789.

J'AI mis sous les yeux du roi, Monsieur, la décision donnée par le comité contentieux du conseil, sur les différentes réclamations que vous avez faites, tant pour obtenir votre remplacement, comme prévôt-général de la maréchauffée, & la croix de Saint-Louis, que de diverses sommes que vous prétendiez vous être dûes.

Je vous annonce, avec plaisir, que le comité ayant été d'avis que la démission que vous aviez donnée de la place de prévôt-général en Corse, ne vous mettoit point hors d'état d'être remplacé, sa majesté a trouvé juste que vos services, qui alors ne doivent plus être regardés comme ayant été interrompus, fussent mis sous ses yeux ; & d'après le compte que je lui en ai rendu, *elle a bien voulu vous accorder la croix de Saint-Louis.*

Quant à votre remplacement à une *place de prévôt-général,* le roi a jugé que comme il étoit indispensable que, lorsqu'il vaquera de ces places, vous y soyez présenté par le tribunal de MM. les maréchaux de France, *il faut que vous informiez ce tribunal de la décision donnée par le comité à cet égard.* ; & c'est à cet effet que j'en joins ici une ampliation signée de moi, afin que vous puissiez la lui présenter.

De plus, vos diverses réclamations pécuniaires ayant été examinées par le comité, chacune en particulier, & n'ayant pas été estimées toutes également inadmissibles, le roi veut bien vous accorder une somme de trois mille livres, pour vous tenir lieu de celles qui peuvent vous être allouées ; mais sa majesté y met la condition expresse qu'au moyen desdites trois mille livres, vous remettrez, entre mes mains, votre renonciation par écrit, *à toute autre espèce de réclamation* ; d'après quoi, vous toucherez, par forme de gratification, ladite somme de trois mille livres ; savoir, mille livres dans le moment préſent ; autres mille livres au 1er. avril 1790 ; &, enfin, les dernieres mille livres, au 1er. octobre de la même année.

J'ai l'honneur d'être parfaitement, Monſieur, votre très-humble & très-obéiſſant ſerviteur. LA TOUR-DU-PIN.

*Pour copie,* GAUTHIER.

*DÉCISION du comité contentieux du conſeil, ſur les réclamations du* Sr. GAUTHIER-D'AUTEVILLE, *ci-devant prévôt-général de la maréchauſſée, en* Corſe. *Elle eſt du* 20 *octobre* 1789.

LE comité eſt d'avis que la démiſſion du Sr. Gauthier-d'Auteville ne le met point hors d'état d'être remplacé, ſi le miniſtre juge qu'il peut être utile au ſervice du roi ; ſon remplacement augmenteroit le droit qu'il peut avoir à la décoration de la croix de Saint-Louis, & déchargeroit le tréſor royal de la penſion de retraite qui lui a été accordée au mois de décembre mil ſept cent quatre-vingt quatre. Quant aux réclamations pécuniaires, le comité a examiné chaque article en particulier ; ſur le premier, le congé accordé au Sr. Gauthier, le 31 janvier 1778, portant que le roi veut qu'il ſoit payé de ſes appointements, en vertu du préſent congé ; le comité a trouvé juſte que les deux mois & demi qui ont été retenus au ſieur Gauthier lui ſoient payés ; ſur le ſecond article, le comité a penſé qu'il n'y avoit pas lieu de l'allouer au Sr. Gauthier ; ſur le troiſieme article, s'il n'y a pas eu de tournées, le ſieur Gauthier ne doit point réclamer une gratification que l'ordonnance accorde ſeulement pour les frais que les tournées occaſionnent ; mais en juſtifiant, par le ſieur Gauthier, que le défaut de tournées de la part de l'inſpecteur, ne l'a pas empêché d'en faire une, le comité penſe que la gratification accordée à ce titre doit lui être payée ; ſur le quatrieme article, le comité penſe que le Sr. Gauthier ne pouvoit réclamer les huit cent livres dont il parle, qu'en juſtifiant que ces 800 liv. ont été une gratification, & non pas une ſimple avance, pour les frais de ſon paſſage en Corſe ; le cinquieme article, le traitement extraordinaire du Sr. Gauthier ne lui a été retranché qu'en vertu des regles générales établies par le roi, ſur les repréſentations du directeur général des finances ; le comité eſt d'avis qu'il n'y a lieu à réclamations ; ſur le ſixieme article, le comité penſe que le Sr. Gauthier peut jouir de ſes appointements, juſqu'au jour où la penſion de retraite a commencé à courir, pourvu que la nomination de ſon ſucceſſeur ne puiſſe pas occaſionner un double payement d'appointement ; ſur le ſeptieme article, le comité penſe qu'il n'y a lieu à réclamation.

*Pour copie conforme à la déciſion. Signé,* LA TOUR-DU-PIN.

## N°. X.

A Paris, ce 12 novembre 1789.

J'ai mis sous les yeux du roi, Monsieur, la décision donnée par le comité contentieux du conseil, sur les différentes réclamations que vous avez faites, tant pour obtenir votre remplacement, comme prévôt-général de la maréchaussée, & la croix de Saint-Louis, que pour le remboursement de diverses sommes.

Je vous annonce, avec plaisir, que le comité est d'avis que la démission que vous avez donnée de la place de prévôt-général en Corse, ne vous mettoit pas hors d'état d'être remplacé; & sa majesté a trouvé juste que vos services, qui ne doivent plus être regardés comme ayant été interrompus, fussent mis sous ses yeux pour la croix de Saint-Louis qu'elle a bien voulu vous accorder, ayant l'ancienneté requise pour cette grâce.

Quant à votre remplacement à une place de prévôt-général dont vous êtes jugé susceptible par le comité contentieux, il est indispensable que vous soyez présenté pour être remplacé par le tribunal de MM. les maréchaux de France; & vous trouverez ci-joint copie de la lettre que j'ai l'honneur d'écrire à M. le maréchal de Contades.

Lorsque le tribunal vous présentera, je prendrai les ordres du roi pour votre nomination. Je vous préviens que sa majesté voudra bien vous dispenser de payer les frais relatifs audit emploi de prévôt-général, votre remplacement devant être regardé comme réintégration.

Quant à vos réclamations pécuniaires, le comité les a examinées, chacune en particulier; il ne les a pas jugées toutes admissibles; & d'après son avis, le roi veut bien vous accorder une somme de trois mille livres, pour vous tenir lieu de celles qui vous sont allouées. Mais sa majesté y met la condition expresse, qu'au moyen desdites trois mille livres, vous remettrez entre mes mains votre renonciation par écrit, à toute espece de réclamations pécuniaires. Vous toucherez par forme de gratification ladite somme de 3000 liv.; savoir, 1000 liv. dans le moment présent; autres 1000 liv. au 1er avril; & enfin, les dernieres 1000 liv. au 1er octobre suivant.

Je suis très-parfaitement, &c.

LA-TOUR-DU-PIN.

M. Gauthier-d'Auteville.

COPIE

*C O P I E de la Lettre de M. de la Tour - du - Pin, à
M. le maréchal de Contades.*

Paris, le 12 novembre 1786.

J'AI l'honneur de vous informer ; M. le maréchal, que le fieur
Gauthier-d'Auteville, ancien prévôt-général de maréchauffée en
Corfe, dont la retraite à été prononcée en 1784 ; a cru devoir
faire des repréfentations fur le traitement qu'il a éprouvé dans les
différentes pofitions où il s'eft trouvé.

*Le Roi a fait remettre les repréfentations de cet officier & toutes
les pieces qui y font relatives, au comité contentieux du confeil ; &*
M. d'Ormeffon, confeiller d'état, préfident de ce comité, m'a fait
part du réfultat du rapport qui a été fait de cette affaire, d'après
lequel *le fieur Gauthier ne doit pas être réputé retiré* ; mais, au contraire, le comité juge *qu'il doit être confidéré comme ayant confervé fon activité de fervice.*

D'après le compte que j'ai rendu au Roi, de l'avis du comité,
fa majefté a accordé la croix de Saint-Louis, au fieur Gauthier-
d'Auteville, qui fe trouve avoir l'ancienneté du fervice requife,
*comme prévôt-général, avec rang de lieutenant-colonel.* Elle a bien
voulu décider que cet officier étoit fufceptible d'être *remplacé en
qualité de prévôt-général.* Ainfi, lorfqu'il vaquera une de ces places, la préfentation du tribunal fera mife, *fans difficulté*, fous les
yeux du Roi ; fon remplacement à cet emploi *devant être regardé
comme une réintégration.*

J'ai l'honneur, &c.

Pour copie conforme à l'original, dépofé au fecrétariat du
tribunal.

GAUTHIER.

# N°. XI.

A Paris, le 15 mai 1798.

SUR le compte que j'ai rendu au Roi, Monfieur, de la préfentation du tribunal, dans laquelle vous êtes compris pour la
place de prévôt-général de la maréchauffée, vacante en Dauphiné, par la mort de M. de la Rochette, fa majefté vous a
nommé à cette place, en conféquence *de fa décifion du 12 novembre 1789*, qui vous rend fufceptible *d'être réintégré dans ce grade,
que vous avez occupé en Corfe* ; & je vous en donne avis, ainfi

G

que de *l'expédition d'un arrêt, pour faire valider, en Dauphiné, votre ancienne commiffion de prévôt-général.* Cet arrêt va être adreffé au procureur du Roi du fiége de la connétablie, pour qu'il le faffe enregiftrer, *fans frais,* & qu'il en foit fait mention en marge de votre commiffion, que vous voudrez bien remettre, à cet effet, au greffe de ce fiége. Je vous préviens, au furplus, Monfieur, de la néceffité de *vous rendre, le plutôt poffible, à Grenoble,* pour y prendre le commandement de votre nouvelle compagnie, *dont le fervice paroît négligé.*

Je fuis très-parfaitement, Monfieur, votre très-humble & très-obéiffant ferviteur,

LA-TOUR-DU-PIN.

M. Gauthier-d'Auteville.

## N°. XII.

Augny, près Metz, le 17 juin 1790.

J'AI reçu, Monfieur, la lettre dont vous m'avez honoré, le 8 de ce mois, pour me faire part de votre nomination au commandement de la compagnie de Dauphiné. M. le comte de la Tour-du-Pin a eu la bonté de m'en inftruire; &, d'après fon avis, j'en ai informé MM. les lieutenants de ladite compagnie, pour qu'ils connuffent leur nouveau chef.

Je fuis fâché, Monfieur, que les fuites de votre maladie m'aient privé du plaifir de vous faire plutôt mon compliment: je vous prie donc de l'agréer relativement à votre convalefcence & à votre nomination. Ce font deux événements auxquels je prends toute la part que vous pouvez defirer.

C'eft avec autant de raifon que de vérité, que le miniftre & les bureaux vous ont prévenu que, de toutes les compagnies, la vôtre étoit *la plus mal ordonnée.* Il eft certain qu'il n'en exifte pas, dans les fix divifions, qui foit dans un état plus pitoyale: des chevaux non foignés; des hommes mal tenus; des armes négligées; des équipements délabrés; point de zele, d'exactitude, d'intelligence dans le fervice; point d'ordre, de vérité dans la comptabilité; point de fubordination dans les différents grades; & nulle difcipline dans les brigades: voilà, malheureufement ce que vous allez trouver; ce dont je me plains depuis long-temps, & ce à quoi je n'ai pu encore remédier, quelque moyen que j'aie employé. Je fouhaite, Monfieur, que les vôtres foient plus heureux; & je verrai, avec la plus grande fatisfaction, le moment où vous obtiendrez un fuccès que mes foins multipliés, infinis, n'ont pu me procurer. Il fera d'autant plus flatteur pour vous, que ce ne fera qu'à vous feul que vous le devrez; car il ne faut pas que vous comptiez fur le fecours de perfonne. Vous ferez peu aidé : vous trouverez peu de reffources dans vos fubordonnés ; & c'eft avec regret que je vous parle d'eux, d'une maniere qui n'eft pas à leur avantage : il m'auroit été bien plus doux d'avoir à vous en faire un jufte éloge. D'après cela, Monfieur, vous pouvez juger de la carriere qui s'ouvre devant vous, & préparer, d'avance, vos moyens pour la fournir auffi heureufement que les circonftances l'exigent. Je ne doute pas de l'efficacité de ceux dont vous ferez ufage, & que je n'aie bientôt autant à me louer de la compagnie de Dauphiné, que jufqu'ici j'ai eu à m'en plaindre. Ce fera un avantage dont je ferai fort aife de vous avoir l'obligation, &c.

Agréez les finceres affurances du parfait attachement avec lequel j'ai l'honneur d'être, Monfieur, votre très-humble & très-obéiffant ferviteur,

LAURRENS DE CHARLY.

*A Metz, le 14 juillet 1790.*

LE miniftre m'ayant annoncé, Monfieur, votre arrivée à Grenoble, pour la fin du mois dernier, & m'ayant prefcrit de vous y adreffer différents paquets, relatifs à votre fervice, je vous ai expédié en cette ville tous ceux que j'avois à vous faire parvenir.

Le fieur Durand de Cuny, lieutenant de votre compagnie audit Grenoble, a ofé prendre fur lui, non-feulement d'ouvrir les lettres que j'ai été dans le cas de vous écrire, mais encore de me les renvoyer à Metz, avec d'autres papiers qui n'ont nul rapport à moi, & qu'il devoit conferver avec les miens, pour vous être remis à votre arrivée.

Pour que cet officier ne fe conduife plus avec une inconféquence auffi répréhenfible, je lui enjoins de vous remettre, cachetés, tous les paquets qu'il recevra, de ma part, pour vous. La néceffité où j'ai été de lui écrire fouvent, en raifon de fon inconduite, de fon dérangement, du tort qu'il a fait à fes brigades, du pernicieux exemple qu'il leur a donné, lui a furement appris à connoître mon écriture ; & je penfe qu'il agira, d'après cette vérité, pour ne plus ouvrir & renvoyer des papiers, dont il n'eft, quand ils lui arrivent, que le dépofitaire. Quoique je lui aie fait connoître ma façon de penfer fur fes indécents procédés à cet égard, je vous prie, Monfieur, de ne pas lui laiffer ignorer celle dont vous devez, avec raifon, être fufceptible.

Plus vous irez, Monfieur, & plus vous reconnoîtrez la vérité de ce qui vous a été dit par le miniftre & dans fes bureaux. Rien de plus pitoyable que votre compagnie ; il faudra tous vos moyens, tous vos talents pour la régénérer ; & vous aurez, comme je n'en doute pas, opéré une grande œuvre en y parvenant.

Je vous supplie, Monsieur, de donner la plus grande attention à tout ce que j'ai l'honneur de vous écrire. Ne vous gênez, ni ne vous pressez, pour me rendre les comptes que vous pourrez me devoir ; j'attendrai, & je vous donnerai tout le temps nécessaire, pour que, bien instruit, vous puissiez m'instruire de même.

J'ai l'honneur d'être avec le plus parfait attachement, Monsieur, votre très-humble & très-obéissant serviteur,

*Signé*, CHARLY

A Metz, le 14 juillet 1790.

J'AI l'honneur de vous adresser, Monsieur, un cahier de plaintes, réclamations, dénonciations, faites par le nommé Marechal, maréchal-des-logis à Grenoble, contre le sieur Durand du Cuny, lieutenant audit Grenoble. Depuis long-temps je suis excédé des plaintes multipliées qui me sont revenues contre cet officier, dont le peu de délicatesse, l'inconduite, le dérangement, l'inutilité & les mauvais exemples ont réduit vos brigades à l'état le plus fâcheux. En raison de son âge avancé, de la mauvaise situation de ses affaires, j'ai bien voulu user envers lui d'une indulgence dont chaque jour il continue à se montrer indigne. Mais, comme les devoirs vont avant les sentiments, je suis très-décidé, si vous n'avez le bonheur, ainsi que je l'espere, Monsieur, de ramener cet officier à ses obligations civiles & militaires, de le dénoncer au ministre, de mettre tous ses torts dans leur vrai jour, & de solliciter contre lui la punition la plus sévere : j'en serai vraiment peiné ; mais je n'en agirai pas moins, vu le peu d'égards que mérite le sieur Durand de Cuny.

J'ai l'honneur d'être avec le plus parfait attachement, Monsieur, votre très-humble & très-obéissant servireur,

*Signé*, CHARLY.

A Metz, le 28 juillet 1790.

Pendant le temps, Monsieur, que la compagnie de Dauphiné a été sans chef, j'ai donné plusieurs ordres, dont il a plu au sieur Durand de Cuny d'empêcher l'exécution, quoique ces ordres fussent absolus & signés de ma main. Depuis votre nomination, j'ai été instruit que ce même lieutenant s'étoit opposé à ce que ces anciens ordres & de nouveaux, que j'avois cru devoir faire passer à Grenoble, eussent la suite qu'ils devoient avoir. En conséquence, je lui ai témoigné mon mécontentement, & je l'ai assuré que je le dénoncerois au ministre pour faits d'insubordination, d'indifcipline, d'injuftice, de partialité; d'inconduite & d'exemples dangereux, s'il ne fe fubordonnoit à ce que je lui prefcrivois, & que je folliciterois contre lui toute la rigueur de l'ordonnance. Pour être affuré de l'effet de mes injonctions & de ma menace, j'ai chargé le fieur Crozat, fous-lieutenant, & feul capable de conduire vos deux brigades de Grenoble, de veiller à leur fervice, à leurs actions, & de vous informer de toutes les difficultés qu'il pourroit éprouver de leur part, ainfi que des obftacles que ne ceffoit de lui oppofer le fieur Durand de Cuny, qui affecte de rendre nuls le zele, la bonne volonté & l'activité conftante de ce digne officier. En conféquence, je vous prie, Monfieur, de le mander, d'avoir avec lui un entretien à fond fur tous ces différents objets, & de lui demander le compte des ordres qu'il a reçus de moi, & d'employer votre autorité pour que juftice foit rendue à M. Crozat, au fieur Maréchal, & au nommé Igonin, defquels M. Durand de Cuny fe joue indécemment, & dont les plaintes juftes méritent la plus grande attention. Vous voudrez bien m'informer de tout ce que vous aurez fait à cet égard, pour que, dans le cas où il en feroit befoin, j'en rende compte au miniftre, & lui demande des ordres particuliers pour la punition de ceux auxquels vous auriez trouvé à propos d'en faire infliger une.

Je vous exhorte, Monfieur, à ne pas vous décourager, à ne pas vous rebuter des contrariétés que vous rencontrerez prefque par-tout. Juftice, fermeté & attention; voilà les moyens qui vous conduiront au but que vous vous propofez, & qui m'eft commun, puifque tous deux nous ne defirons que le bien de la chofe.

J'ai l'honneur d'être, avec le plus parfait attachement, Monfieur, votre très-humble & très-obéiffant ferviteur,

*Signé*, LAURRENS DE CHARLY.

---

*COPIE de la lettre de M. PIOT, maire de Vienne, du 3 juillet, à neuf heures du foir, adreffée à M. Gauthier, & par ce dernier envoyée au miniftre le 9.*

# N°. XIII.

## MONSIEUR,

SUIVANT des avis venus de Grenoble; je ne vous crois point en fureté dans la province. Il eft très-dangereux qu'il n'arrive de Grenoble des lettres, & peut-être des émiffaires, qui pourroient répandre ici dans le public les impreffions & les mouvements qui ont lieu à Grenoble, & même à Moirans. Je sais même qu'il doit arriver, de Moirans, quelques personnes cette nuit; de forte qu'il seroit, je pense, très-prudent de vous rendre à Lyon. Si je n'étois revenu mouillé & fatigué, je serois allé, de vive voix, vous faire part de mes craintes. Je charge la maréchaussée de veiller à votre sûreté.

J'ai l'honneur d'être, avec considération,

## MONSIEUR,

Votre très-humble & très-obéissant serviteur,

*Signé*, PIOT, maire de Vienne.

A Vienne, ce 4 juillet.

## MONSIEUR LE MAIRE,

J'OFFENSEROIS les habitants de la ville de Vienne, si je ne me croyois point en sûreté parmi eux. Comme François, je suis sous la sauvegarde des lois par-tout où je puis me trouver. Envoyé dans cette province pour y occuper une place, je répondrai à l'opinion que l'on a, à Paris, de ma capacité & de mon honnêteté. A mon arrivée ici, je vous ai demandé d'accepter mon serment civique, & vous l'avez reçu. Si je me suis conformé à ce que la loi exigeoit que je fisse avant d'exercer aucune fonction, je suis plus que fondé à réclamer sa protection, dans le cas où quelques personnes viendroient à prêter l'oreille à la calomnie. Il y a beaucoup de gens qui n'ont rien à perdre, & qui se plaisent à induire le public en erreur. Les boulets & les balles m'ont sifflé aux oreilles, sans faire la plus petite impression sur mon ame. Il y auroit de la lâcheté à moi de redouter davantage les méchants. La calomnie ne respecte aujourd'hui ni le trône, ni l'assemblée nationale. Il seroit du dernier ridicule à moi de prétendre d'être plus privilégié que ces deux puissances. Quand la province connoîtra mes principes & mes sentiments, j'ose dire que j'aurai son estime & sa confiance. Et pour lui prouver que je suis jaloux d'avoir l'un & l'autre, je vais, dès aujourd'hui, commencer d'exercer mes fonctions; ma commission est enregistrée dans tous les greffes de ma juridiction. Et en attendant que le public soit désabusé & revenu de son erreur à mon égard, je vais fixer ma résidence ici, dont je vais écrire à MM. de l'assemblée qui se tient à Moirans, ainsi qu'aux diverses municipalités, parce que la sagesse, la prudence & l'expérience que j'ai des affaires, me font une loi d'aller au-devant de tout ce qui pourroit préjudicier aux intérêts de la province & aggraver les torts de ma troupe. Cette derniere ne fera pas long-temps fans regretter de m'avoir méconnu : elle ignore encore tout ce que j'ai fait pour elle auprès de l'affemblée nationale, & qu'il y a des plaintes portées contre elle au miniftre; que, bien loin d'aller au-devant de fa perte, elle va la précipiter.

Je vous prie de vouloir bien communiquer ma lettre à MM. les officiers municipaux, même de lui donner de la publicité; afin que le public connoiffe les difpofitions dans lefquelles je fuis.

J'ai l'honneur d'être, &c. *Signé*, GAUTHIER.

---

## Nᵒ. XIV.

Paris, ce 23 feptembre 1790.

VOUS n'ignorez pas, Monfieur, combien on a donné d'attention & de foins à toutes les demandes & repréfentations que vous avez faites pour parvenir *à être réintégré dans votre emploi*; fi rien n'a été négligé pour vous procurer votre remplacement, & *puifqu'enfin vous l'avez obtenu*, vous devez penfer que, relativement aux différentes pofitions dans lefquelles vous vous êtes trouvé, *vous ne pouviez efpérer davantage*, & que c'eft vous avoir rendu juftice fur tous les rapports. *Si les embarras perfonnels que vous éprouvez dans ce moment, en Dauphiné, naiffent de l'opinion*, vous devez convenir que, l'autorité n'ayant aucune prife fur elle, *c'eft à vous à combattre les contrariétés que cette opinion amene, pour la faire fléchir, & vous la rendre favorable*. Ce n'eft point en provoquant des punitions rigoureufes, & des deftitutions, *que l'on ne peut arbitrairement prononcer*, que vous parviendrez à éloigner les dangers de cette opinion; la *prudence & l'efprit de conciliation y peuvent contribuer plus efficacement que l'extrême févérité*; votre état & les circonftances actuelles exigent que vous donniez l'exemple *de cette conciliation fi néceffaire*; & je ne puis que vous engager à en faifir les occafions, *& à préparer & faire ufage de tous les moyens convenables pour l'établir*. Si l'emploi de ces moyens devenoit pour vous fans fuccès, foit à Vienne, foit à Grenoble (*fi vous vous y rendez*); & fi vous ne pouvez enfin parvenir à furmonter les difficultés auxquelles vous êtes préfentement en butte, *il vous paroîtra, fans doute, indifpenfable alors de revenir à Paris, afin de ne point vous compromettre, en Dauphiné, dans l'emploi qui vous eft confié. Il eft donc à propos que vous vous concertiez fur tous les objets de fervice avec tous les officiers de votre compagnie; que vous entreteniez avec eux la bonne intelligence, effentielle à fon exécution; & que, relativement à vous-même, vous évitiez de donner lieu à des événements défagréables, capables d'imprimer une défaveur fur la maréchauffée, & qui ne vous permettroit plus de demeurer en Dauphiné. C'eft après y avoir mûrement réfléchi*, *que j'ai cru devoir vous tracer cette conduite ; & je ne doute point que vous ne sentiez qu'elle est la seule à suivre.*

J'ai pareillement fait, Monsieur, la plus sérieuse attention à la lettre que vous m'avez écrite, &c.

Je suis très-parfaitement, Monsieur, votre très-humble & très-obéissant serviteur, LA-TOUR-DU-PIN.

Monsieur Gauthier, prévôt-général de la maréchaussée de Dauphiné, à Vienne.

Je ne me suis offensé de cette lettre, que parce qu'il sembloit que M. de la Tour-du-Pin & le sieur Saint-Paul me prenoient pour un idiot qui ne verroit pas, & qui ne démêleroit point leurs projets, leurs vues, comme s'il falloit bien du temps à un homme honnête & versé dans les affaires, pour pénétrer dans l'intérieur de l'homme faux, artificieux & méchant. GAUTHIER.

---

## N°. XV.

DE la part de Philippe-Joseph Gauthier d'Auteville, chevalier de l'ordre royal & militaire de Saint-Louis, colonel de cavalerie, prévôt-général de la compagnie de maréchaussée de Dauphiné, par arrêt du conseil d'état du roi, du 10 mai 1790, enregistré au greffe du siége de la connétablie, le 21 du même mois, ainsi qu'aux siéges prévôtaux de Dauphiné, il est remontré à M. Laurrens de Charly, chevalier de l'ordre royal & militaire de Saint-Louis, mestre de camp de cavalerie, & inspecteur général des maréchaussées.

Que par des motifs de la plus grande importance pour l'honneur & l'intérêt du remontrant, il se voit obligé de vous faire intimer le présent acte.

Le remontrant, en butte à la coalition la plus injuste & la plus insurrectionnelle, de la part de quelques ennemis secrets, & d'une partie de ceux sur lesquels la place honorable qu'il a plu au roi de lui déférer, lui donnoit inspection ; ayant appris que vous aviez été envoyé par le ministre, en qualité d'inspecteur pour présider une commission à l'effet d'informer extrajudiciellement des faits calomnieux imputés au remontrant, & que ses détracteurs se jactoient de pouvoir venir à bout de vous tirer de place, ou tout au moins de vous engager à renoncer à cette commission par les moyens de surprises & les manœuvres sourdes qu'ils font en usage de pratiquer. Instruit aussi que vous étiez nanti de toutes les pieces ci-devant envoyées contre lui au ministre & à MM. les maréchaux de France, ainsi que de diverses dénonciations, mémoires, plaintes, états & contrôles de revues, à vous remis ou envoyés directement ; & le tout quoi, en trompant l'espoir de ces calomniateurs, & se tournant contre leurs vues, doit, au contraire, servir à sa pleine justification. C'est dans ces circonstances, que le remontrant ayant demandé au roi & à l'assemblée nationale un conseil de guerre, qu'il espere d'obtenir bientôt de leur justice ; & que,

comme

comme dans l'intervalle, il a lieu de craindre que ſes ennemis & ſes détracteurs ne viennent ſurprendre à votre religion, ou n'obtiennent, par quelques ordres obreptices, la remiſe des dénonciations, mémoires, plaintes & autres pièces qui vous ont été envoyés ou remis ; il eſt bien fondé à vous prier, requérir & interpeller, comme il le fait par le préſent acte, de remettre en lieu ſûr & dépôt public, tel que le greffe du bailliage de cette ville ; & ce, dans le délai de vingt-quatre heures, & ſous votre cachet, avec procès-verbal de rémiſſion, à ce voir faire le comparoiſſant appelé, toutes les pièces, mémoires, dénonciations, plaintes, états & contrôles de revues qui ſe trouvent actuellement dans vos mains, ainſi que les lettres miniſtérielles que vous avez reçues concernant cette affaire, même celles qui pourroient vous être envoyées dans la ſuite, pour être leſdites pièces, qui demeurent communes entre l'accuſé & les accuſateurs, conſervées dans ledit dépôt, & ſervir dans la ſuite pour les uns & les autres, à ce que de raiſon ; & dans le cas où vous ne jugeriez pas à propos de déférer a la prière & réquiſition du remontrant, il déclare proteſter de tous dommages & intérêts, vous en rendre perſonnellement reſponſable, & même vous prendre à partie, requérant le préſent, vous être, à cet effet, intimé & ſignifié par le premier huiſſier, faute, par le remontrant, d'avoir trouvé, dans le nombre des cavaliers des brigades de cette ville, quelqu'un qui ait voulu ſatisfaire à mes ordres, pour aller vous l'intimer ; & a le comparaiſſant ſigné ;

GAUTHIER-D'AUTEVILLE,

L'AN mil ſept cent quatre-vingt-dix, & le ſept ſeptembre, je, huiſſier du Roi en la Monnoie de Grenoble, y reçu, habitant en ladite ville, ſouſſigné, au réquis de M. Philippe-Joſeph Gauthier d'Auteville, chevalier de Saint-Louis, lieutenant-colonel de Cavalerie & prévôt-général du Dauphiné, qui fait élection de domicile en ſa perſonne & maiſon d'habitation, rue du Sault, en cette ville, je me ſuis tranſporté à l'auberge de la Coupe-d'Or de cette ville, où eſt logé M. de Charly, inſpecteur-général des maréchauſſées, où étant, j'ai bien & dûment intimé & ſignifié audit ſieur de Charly, l'acte de remontré ci-deſſus, avec l'interpellation que je lui ai faite d'y ſatisfaire, & déférer ; & à cet effet, je lui ai donné aſſignation, pour être & comparoir jeudi prochain, compté le neuf du préſent, à dix heures du matin, au greffe du bailliage de cette ville ; pour y faire le dépôt des pièces énoncées au ſuſdit acte ; en préſence dudit ſieur Gauthier ; & faute de ſatisfaire à ladite aſſignation ; j'ai proteſté contre lui de tout ce que de fait & de droit, ayant à ces fins audit ſieur de Charly, donné & laiſſé copie dudit acte ſur une feuille de papier timbré, en ſon ſuſdit domicile, parlant à M. de Charly, qui a dit que l'état de maladie où il ſe trouve, & détenu dans

H

fon lit, l'empêche de répondre à l'acte qui lui est signifié ; mais que sitôt qu'il fera rétabli, il y répondra. A pris copie, & a signé fous toute protestation contraire.

Je, fouffigné, m'engage à répondre & à fatisfaire au vœu du préfent acte, lorfque ma fanté me permettra de le faire. A Grenoble, le 7 feptembre.

LAURRENS DE CHARLY.

Je, fouffigné, confens à la promeffe de M. l'infpecteur. A Grenoble, ce 7 feptembre, 1790.

GAUTHIER-D'AUTEVILLE.

HEURARD.

Contrôlé, à Grenoble, le 7 feptembre 1790.

MARCEL.

---

J'AI omis de faire obferver, en fon lieu & place, que le fieur Saint-Paul, qui prévoyoit bien que M. de la Tour-du-Pin ne pouvoit refter long-temps dans fa place, ne lui a prefcrit de me faire faire une renonciation à toute efpece de réclamations, que parce que, d'une part, dans le cas où le tribunal auroit encore le droit de préfentation, comme fon ami Sevin avoit inféré dans l'ordonnance de 1778, qu'elle feroit de trois fujets pour chaque place, afin d'établir une concurrence plus forte à l'enchere de ces places, il vouloit fe prévaloir de cette renonciation auprès de fon fucceffeur, pour lui faire rejeter toutes demandes de ma part ; & que, de l'autre, ayant formé le projet de faire dépouiller le tribunal, il vouloit également avoir, contre mes demandes, un titre à produire aux miniftres qui fuccéderoient, pour que je ne puffe jamais obtenir de l'emploi, & pouvoir m'immoler par là à fon infigne fourberie. Quand on fait ce que le fieur Saint-Paul a été à feu M. le maréchal de Belliile, on n'eft point du tout furpris de ne jamais retrouver dans fes actions, que les tours d'un valet. C'eft fans doute lui qui dirigea le fieur Sevin dans la conduite qu'il tint envers M. Bodard, fon bienfaicteur, pour fe mettre à fa place.

Il m'en a coûté infiniment de démafquer tous ces tartuffes ; mais j'ai tant fait jufqu'à ce jour, pour tâcher d'opérer le bien général, que j'ai penfé que je devois faire encore. Puiffe ma nation reconnoître qu'en attaquant, comme je le fais, les monftres qu'elle nourrit dans fon fein, & qui la dévorent, je m'acquitte, envers elle, des avances qu'elle m'a faites, & que je me rends digne de fon indulgence, fi je n'ai point le talent de le faire avec plus de méthode !

GAUTHIER D'AUTEVILLE.

FIN.

---

A GRENOBLE. De l'Imprimerie de V^e GIROUD & FILS. 1791.

grenoble ce 16. jer 1791.


Monsieur


j'ai l'honneur de vous adresser comme president
de l'assemblée Nationale, comme membre du comité
militaire, comme homme qui veut le bien et comme a
mon compatriote deux exemplaire du rapport que je fais
des circonstances dans les quelles je me trouve, avec prière
d'en remettre un à Mr. duportail en main propre, —
j'ose attendre de votre honneteté et de votre amour
de l'ordre, que vous voudrez bien avoir cette bonté.
cette petite brochure renferme bien des choses que
l'assemblée nationale ignore, notamment l'indication
du lieu ou est le trone de tous les abus, las page
10. 11. 24. art. 4. 27. art. 3. 28. et 38. vous inviteront a prendre
lecture du reste, et a engager l'assemblée nationale
et le comité militaire à venger les oppressions que j'éprouve
pour leur avoir été devoué
    je vous supplie de me faire l'honneur de
m'accuser la reception de ce paquet
        j'ai l'honneur d'etre avec un respect
infini
Monsieur Le president.

Votre tres humble
et tres obeissant Serviteur
Gauthier

Nro 27
32500
(à joindre.)
1° je vous prie de demander
a Mr. duportail si on lui a remis
le meme paquet chez lui, ce sera
le moyen pour lui de savoir qu'il
est trompé et vendu par ces sous ordres
Mr. Emery pt. de L. Me.

3215